王波 著

CREATIVE DESIGN OF AUTOMOBILE
汽车造型创意设计

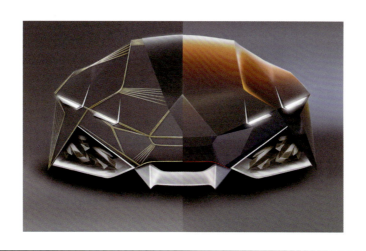

清华大学出版社
北京

内 容 简 介

本书首先介绍汽车造型创意设计的相关理论及其发展脉络，目的是帮助初学者在深入学习之前厘清一些基本概念；然后简要描述汽车造型创意的先导理念与方法；接下来是对创意设计方法的深入阐述，这也是本书的重点内容，该部分主要介绍汽车造型创意的分析设计方法、创意设计的形态处理原则、创意设计的层次及最新发展趋势、跨界混合车型创意设计方法、造型创意设计实践等内容。

读者通过阅读本书可基本了解和掌握汽车造型创意设计的基本思维方法、设计流程、设计技巧与相关技术。本书可作为"汽车造型设计"等课程的教材使用，也可供汽车设计从业人员学习参考。

版权所有，侵权必究。侵权举报电话：010-62782989，beiqinquan@tup.tsinghua.edu.cn

图书在版编目(CIP)数据

汽车造型创意设计 / 王波著. —北京：清华大学出版社，2019（2024.2重印）
ISBN 978-7-302-52724-4

Ⅰ.①汽⋯ Ⅱ.①王⋯ Ⅲ.①汽车-造型设计 Ⅳ.①U462.2

中国版本图书馆CIP数据核字（2019）第063187号

责任编辑：许　龙
封面设计：蔡振原
责任校对：刘玉霞
责任印制：曹婉颖

出版发行：清华大学出版社
　　　　　网　　址：https://www.tup.com.cn，https://www.wqxuetang.com
　　　　　地　　址：北京清华大学学研大厦A座　　邮　　编：100084
　　　　　社 总 机：010-83470000　　　　　　　　邮　　购：010-62786544
　　　　　投稿与读者服务：010-62776969，c-service@tup.tsinghua.edu.cn
　　　　　质量反馈：010-62772015，zhiliang@tup.tsinghua.edu.cn
印 装 者：小森印刷霸州有限公司
经　　销：全国新华书店
开　　本：185mm×230mm　　印　　张：10.75　　字　　数：142千字
版　　次：2019年6月第1版　　　　　　　　　印　　次：2024年2月第4次印刷
定　　价：75.00元

产品编号：082752-02

前　言

> 美的观念随着思想和技术的进步而改变。
>
> ——格罗皮乌斯（Walter Gropius）

汽车设计——设计师们永远的梦想。百年来，无数设计师在汽车上展示自己的激情、创意和才华，实现他们的理念和理想，也把他们对时尚、潮流的独特理解与不懈追求凝聚其中。正因为有了设计师的不懈努力，汽车对人们来说不再是简单、粗糙、冷酷和乏味的机器，而逐步演变为精致、美观的时尚载体，还被用作宣示品味、格调、身份、阶层的符号。汽车设计与时尚、潮流越走越近，并因此获得了 styling（风格设计）的"称谓"。

今天汽车市场的竞争日益加剧，人们对汽车造型不断地提出更高要求，作为汽车造型设计极为关键的创新阶段——汽车造型创意设计正在受到各大汽车厂商的日益关注，其重要性被提升到前所未有的高度。优秀的创意设计出自于优秀的富有创造力的专业造型设计师。因此，对于众多有志成为专业汽车设计师的学生和业余爱好者而言，他们在汽车造型创意设计方面所得到的专业知识以及接受的训练水平的高低已成为决定其将来能否成为掌握创新理念、方法和技术的专业设计人员的关键所在。

目前，国内高等院校的艺术设计和汽车设计相关专业的课程以及各类相关教材的内容往往偏重于基础技法的训练或车身结构知识的普及，而缺乏针对汽车造型创意设计的专门讲述以及相关学习、训练方法与体系。

　　本书首先介绍汽车造型创意设计的相关理论及其发展脉络，目的是帮助初学者在深入学习之前厘清一些基本概念；然后简要描述汽车造型创意的先导理念与方法；接下来是对创意设计方法的深入阐述，这也是本书的重点内容，该部分主要介绍汽车造型创意的分析设计方法、创意设计的形态处理原则、创意设计的层次及最新发展趋势、跨界混合车型创意设计方法、造型创意设计实践等内容。读者通过深入阅读本书可基本了解和掌握汽车造型创意设计的思维方法、设计流程、设计技巧与相关技术。

　　本书根据汽车造型创意设计的理论、方法与最新技术，结合作者多年从事汽车造型设计工作以及设计教学工作的部分成果编写而成。本书可作为"汽车造型二维设计表达"和"汽车造型设计"等课程的教材，同时也可供广大有志成为专业汽车设计师的学生、设计人员和业余爱好者参考。希望本书的出版能够为热爱和关心汽车造型设计的人们提供一点借鉴与帮助。

　　本书是作者整理了多年汽车造型创意设计教学实践中的方法，并结合自己长期的汽车造型创意设计实践经验著写的。石清吟和蔡振原为本书做了大量的辅助撰写和整理校对工作，对他们的工作表示感谢！还要感谢为本书顺利出版付诸许多努力的编辑和其他参与者。由于时间仓促，水平有限，书中如有不当之处，恳请读者、同行们指正！

王波

2019 年 3 月

目 录

1 第 1 章
绪论

1.1 汽车造型创意设计的基本概念 / 1
    1.1.1 汽车造型设计的概念 / 1
    1.1.2 汽车造型创意设计的概念 / 1
    1.1.3 汽车造型创意设计的重要性 / 2
1.2 汽车造型设计发展简述及重要发展时期 / 4
    1.2.1 汽车造型设计的发展简史 / 4
    1.2.2 时尚与汽车造型设计的重要发展时期 / 4

21 第 2 章
造型设计创意思维与方法

2.1 创意设计的核心——创意设计思维 / 21
2.2 设计调研 / 25
2.3 设计定位 / 27
2.4 意象板 / 28
2.5 以"造型"为先导的创意设计思维 / 29

31 第 3 章
汽车造型创意设计的分析方法与设计方法

3.1 现有造型设计分析方法 / 32
3.2 影响造型的主要因素 / 32

3.3 基于抽象形态的汽车造型创意设计与分析方法 / 35
 3.3.1 抽象形态的概念 / 36
 3.3.2 抽象形态法在汽车造型创意设计中的具体流程、方法及应用案例 / 38
3.4 "线 – 型"分析法 / 42
 3.4.1 关键线判定 / 44
 3.4.2 关键线提取 / 46
 3.4.3 "线 – 型"比对和分析 / 46
 3.4.4 案例分析 / 49
3.5 "线 – 型"的造型设计方法及设计草图的画法 / 52
3.6 汽车造型创意设计中的形态处理原则 / 57

63 第 4 章
汽车造型创意设计的层次及发展趋势

4.1 汽车造型创意设计的三个层次 / 63
4.2 造型创意设计宏观层面发展趋势 / 65
 4.2.1 整车姿态 / 65
 4.2.2 典型车身比例 / 67
 4.2.3 电动智能化趋势 / 68
4.3 造型创意设计中观层面发展趋势 / 68
 4.3.1 特征线处理 / 69
 4.3.2 形面关系 / 70
 4.3.3 反向设计 / 72
4.4 造型创意设计细观层面发展趋势 / 73
 4.4.1 灯具设计 / 73
 4.4.2 参数化设计 / 86

88 第 5 章
乘用车车型分类及跨界混合车型创意设计方法

5.1 乘用车车型的基本分类 / 88
5.2 经典混合概念车型的历史演进及特有优势 / 97
 5.2.1 SUV 的发展历程 / 97

5.2.2 MPV 与 Minivan 的发展历程 / 98
5.2.3 Crossover 车型的特有优势 / 100
5.3 目前汽车市场中的主要混合概念车型 / 101
5.4 最新的典型 Crossover 概念车的组合方式和发展方向 / 104

109 第 6 章
汽车造型创意设计流程

6.1 创意设计的前期工作 / 109
6.2 创意设计的基础环节——大量绘制草图 / 111
6.3 整体方案的四视图 / 胶带图的造型探讨与确认 / 115
    6.3.1 四视图 / 115
    6.3.2 胶带图 / 117
    6.3.3 计算机辅助制作四视图 / 126
6.4 计算机辅助造型（CAS）与虚拟现实系统的应用 / 129
    6.4.1 汽车造型设计数字化手段的发展 / 129
    6.4.2 计算机辅助造型方法与流程介绍 / 130
    6.4.3 虚拟现实系统及应用 / 136
6.5 实体油泥模型的探讨与制作 / 139
    6.5.1 油泥模型方法介绍 / 139
    6.5.2 比例模型制作 / 139
    6.5.3 全尺寸油泥模型 / 141

144 第 7 章
汽车造型设计中的细节设计

7.1 支撑整车品质感的细节设计 / 144
7.2 进风口的工程技术概况 / 146
    7.2.1 进风口设计对汽车性能的影响——散热性能与进气量 / 147
    7.2.2 与进气格栅设计相关的制造工艺 / 147
7.3 进风口造型的设计方法 / 149
    7.3.1 进风口造型设计应符合品牌形象的需要 / 149

7.3.2 进风口造型细节设计必须考虑不同的车型定位 / 150
7.3.3 针对不同车型的进风口造型的差异化设计 / 151
7.3.4 相同车型不同款型的进风口造型的差异化设计 / 153

156 第 8 章
汽车造型创意设计作品赏析

161 参考文献

第 1 章　绪论

1.1　汽车造型创意设计的基本概念

1.1.1　汽车造型设计的概念

汽车造型设计是根据汽车整体设计的要求，通过对汽车使用者的消费心理、生活形态的研究以及汽车整车总布置、结构、工艺等限定因素的分析和理解，对汽车内、外部形态以及色彩与质感进行全新设计，使消费者能够感受其更好的实用性、美感、感觉质量以及身份识别等特征，从而实现推进该产品的消费、提升品牌形象的设计过程。汽车造型设计绝不是一般的"装饰、装修、装潢"设计，汽车造型设计师也必须与"美工"的概念区别开来。

汽车造型设计的内容涵盖丰富，就项目规模而言可分为整车造型设计开发、局部改型设计（如 Facelift 等），就开发的产品性质而言可以分为全新概念性的前卫设计、新一代量产车的设计开发、现有车改型设计、现有车局部造型改进设计等。

1.1.2　汽车造型创意设计的概念

汽车造型设计是一个复杂、涵盖内容丰富的设计过程，涉及市场、时尚、生活形态、消费习惯、总布置、人机、结构设计等方面，本书中的汽车造型创意设计主要是指汽车造型设计流程中比较前期的阶段，重点关注汽车造型设计本身的理念、方法和技术。汽车造型创意设计是指以"人"为核心的,并根据使用者、使用环境、使用方式、流行视觉元素等设计目标而开展的关于汽车外部和内部的可视形态、色彩、材质,以及初步的使用、结构实现方式等方面的概念性创新设计。这些创新性的设计工作具体包括消费者生活形态分析、使用环境及用户体验分析、设计分析与设计定位、前期头脑风暴、草图设计、效果图设计、深入设计、细节设计、胶带图、前期概念数字模型与渲染、比例油泥模型制作等。

1.1.3 汽车造型创意设计的重要性

前述的创意设计工作是整个汽车造型设计流程中最为关键和核心的工作——好的造型设计的核心价值就在于其"创新性"。汽车的造型设计与其他产品设计的产生、发展有类似的规律。当汽车刚出现时,工程技术方面的工作起主导作用。汽车的初期目标是满足人们的基本需要,工程技术等方面的快速发展正是为了满足代步、安全等基本要求。随着技术、市场的不断进步和发展,各个企业均能够满足前述的基本需要,而后市场竞争也开始变得日益激烈起来。也正是由于这种过于激烈的竞争,各个企业在产品的质量、技术方面的差异日趋接近,愈演愈烈的价格战更令企业的利润不断摊薄,唯一的出路就是差异化竞争,而唯一可以在短期内让产品焕然一新的工作只有造型设计。

汽车作为一种商品,必须要被消费者接受才能够实现当初设计的基本目标。随着经济发展、社会进步以及人们生活水平的日益提高,人们对于汽车的消费水平以及消费观念也在不断变化。汽车作为商品的属性决定了其必须能够迎合消费者的需求,并激发消费冲动甚至引导消费潮流的发展,没有消费者愿意买单的产品将被市场淘汰和湮没。造型作为汽车表面最容易被消费者认识和感知的属性在消费者的整个消费决策过程中起着非常关键的作用。大部分消费者在产品技术方面都不是专家,他们往往会被好的造型设计带来的视觉冲击所吸引并产生兴趣,进而深入了解该产品，然后根据各种感官上得到的综合感受作出判断并决定是否作为购买选择。在整个消费过程中，造型设计的力量足以影响大部分消费者的判断。作为商品，汽车造型设计的新颖性、独创性、前卫性、时尚性以及一定的通用性是保证该产品能够在众多竞争者中脱颖而出并成功吸引消费者眼球的必然选择，同时，这也应该成为很多设计人员的自觉要求。

好的造型设计必须建立起自己的品牌特征并尽可能地与其他产品的形象拉开距离。为了摆脱同级产品的日益趋同，设计人员必须尽最大努力突破既有的"流行"风格，找到适合本品牌的独树一帜的设计语言，从而在众多竞争者中"脱颖而出"。出色的易辨认性、可识别性是吸引消费者选择的第一步，而优良、体贴、精致的设计与细节又可以大大改善消费者对该产品的"感觉质量"，进而增强对该品牌的信心和好感。

观察近几年的国际汽车展，可以看到各大企业竞相在车展上推出自己的概念车，这些概念车造型新颖、创意独特，非常具有突破性。同时,这些崭新的设计还在向大众传递着这样的信息——这个品牌是有创造力的，有活力的，有野心的，有在激烈竞争中存活、成长、发展、壮大的信心和能力的。这样的信息对消费者而言意味着其产品是可靠的、放心的，是追求创新和突破的，是不会"买完了就倒闭"的，甚至意味着"这个品牌是更能够体现我的身份、品味和追求"的……大部分消费者在汽车技术方面都并非专家，但每个人对于什么是时尚、创新、品味、高级等都有自己的判断——创新而卓越的汽车造型创意设计正是提升这种主观感受的最有效的手段。

同时，造型创意设计的"创造性"特征也能极大地提升产品技术之外的附加值，更为重要的是，好的创意设计通过提升品牌形象进而提升该品牌的溢价能力，拉升企业的利润空间，增强企业的竞争力。可见，汽车造型创意设计是一个通过优秀的创新设计提升企业的产品形象、品牌形象和企业形象的重要过程。

1.2　汽车造型设计发展简述及重要发展时期

1.2.1　汽车造型设计的发展简史

关于汽车外形的演变，目前已有各种版本的"汽车外形发展史"，大多根据出现的时间顺序将汽车造型的发展划分为马车形、箱形、甲虫形、船形、鱼形、楔形等时期，对于这种以某些具体的动物和物品的形象来归纳汽车的发展的方法，笔者认为尚不足以准确反映整个汽车造型设计发展史中汽车抽象形态的发展历程。汽车形态是工业化产品特征明显的抽象形态，只将其笼统归为鱼形、船形等，会掩盖很多细部造型的发展情况，从而丢失很多造型设计中最为重要的抽象线条、曲面的发展和变化信息。剖析汽车造型设计的发展，可以发现很多划时代的变化往往最初都是源于一些看似微小的、细节的突破和演变，尤其是一些造型线与曲面的处理更折射出鲜明的时代特征和时尚特点。

1.2.2　时尚与汽车造型设计的重要发展时期

时尚的演变离不开汽车这个最佳载体。自汽车诞生之日，时尚、潮流和社会生活形态的演变就一直伴随并深刻影响着汽车设计的方方面面，并集中体现在汽车内、外表面的形态、色彩等影响人们视觉形象的要素中。通过了解各时代汽车设计的演变，可以看到其中折射出的鲜明的时代特征，即使最前卫的时尚设计师仍然会受限于那个时代人们对时尚的理解。

我们不厌其烦地大谈时尚，且几乎人人都想提前判断出时尚的"下一步"究竟在哪？而结果却往往总是看不清。其实，如果回过头来看看"她"发生、发展和演变的过程，总会找到一些端倪，给我们启发，并帮助我们对明天做出判断。这是因为常常以"新瓶旧酒"的方式"回潮""还魂"的时尚，已被无数次证明其螺旋式上升的"习惯"。这种情况在汽车造型设计中也有明显体现。即使在许多看起来"横空出世""空前绝后"的"大师作品"中，

第 1 章 绪论

也可以从逝去的岁月中找到些痕迹,揣测其"出处"。

回顾和审视汽车造型设计的发展历史,我们被其发生、发展和成熟过程中的一些重要时期深深吸引,这些重要时期所产生的新概念、新语言和新方向至今仍旧在深刻影响着我们的"汽车生活"。

1. 汽车的初生

我们都知道,汽车刚出现时懵懂无知,无从学习,只好沿用马车的一些车身结构和造型元素。"类马车"恐怕就是那时候人们对这一新生事物的最初理解吧。在其后的发展过程中,马车车厢的箱式感觉仍旧保持了相当长的时间。然而,即使在这个初生的阶段,也有很多有意思的小尝试出现。图1-1所示的是1889年为摩洛哥苏丹制造的第一辆机动车,该车的前"悬架"实际上是借鉴了自行车"前叉"的结构和制造方式——焊接钢管框架。而且从最终的实现效果来看,也很像两个自行车前叉并排使用。马车式的车厢加上类似自行车的部分结构特征,构成早期汽车的最初式样。在最早的汽车刚刚出现时期,人们主要需要解决的还

图 1-1 摩洛哥苏丹的第一辆机动车,收藏于戴姆勒奔驰博物馆

汽车造型创意设计

是汽车的基本结构能否实现载人、载物、平稳运动以及自如驾驶的最基本功能，此时工程技术人员是汽车的结构与形态的主导者，技术力量控制着汽车的形态。这时候的造型设计应该还谈不上真正意义的"设计"，只是会在一些比较重要的汽车表面通过彩绘和布幔来进行一些最初的表面装饰。

随着时光流逝，人们对"装饰"的要求变得强烈起来。在真正的"革命"到来之前，表面优雅卷曲的装饰线条流行开来并渐成主流。图1-2所示是20世纪初由哥伦比亚公司制造的属于洛克菲勒家族的电力驱动的乘用车，当时的汽车行业还在电力驱动与内燃机驱动之间徘徊。该车装备两挡变速器，其前轮已安置了早期的空气减振器。侧面的线条开始大量应用卷曲的线，包括引擎罩圆滑的单曲面轮廓线、前轮挡泥罩复杂的S形曲线，尤其是位于前轮之上、轮罩与车身之间的卷曲铁艺花纹装饰件突出体现了一种毫无实际使用价值的纯粹的"装饰"风格。早期的汽车还没有在普通消费者间推广和普及，它们大都还是那些皇室、贵族、官员、商人等达官贵人们的座驾，很多早期的汽车往往都不是量产的车型，而是纯粹地为某位处于上流社会的人士量身定做，因此这种没有实用价值的装饰大摇大摆地存在于汽车表面并不断地

图1-2 哥伦比亚公司1900年制造，洛克菲勒家族拥有

提醒人们：这辆车的主人是多么的成功，其身份多么的显赫，时间多么的充裕——完全可以在毫无用处的装饰上大做文章。当然，这种卷花的纹理也非常符合 20 世纪初期的审美习惯，在"装饰主义"盛行的时代，建筑、家具、公共设施以及各种类型的手工产品上都可以找到类似这种卷花的装饰痕迹。

当然，在 20 世纪初期，福特 T 型车开创的流水装配线生产模式革命性地改变了汽车的生产方式，迅速提升了汽车的产量并降低了价格，轿车开始进入大众的生活。但初期的量产车仍然沿用传统的箱式造型，并将前轮罩处理为圆润的双曲线——这说明，即使是具有革命性的福特 T 型车也有其"历史局限性"。

2. 带着修长卷曲装饰线的方盒子

在 20 世纪 20 年代，卷曲的装饰线依然存在，但其比例被拉得更长，对全车形态的影响也更大。图 1-3 中这款"超大型"（轴距 4.3m，全长 6.4m）豪华的布加迪简直就是那个时代豪华、气派、高雅以及上流社会的缩影，其长长的引擎盖内放置着巨大的纵置发动机，几乎占去全车五分之三的长度，显得纤长而巨大（这种发动机的布置方式是导致其发动机舱过长的主要原因）。设计师在这么大的尺度上自如地勾画出优雅的长 S 曲线，虔诚地迎合着

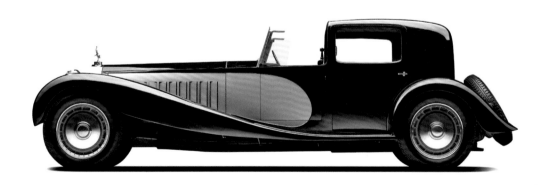

图 1-3　Bugatti Royale

那个时代的审美习惯。上流社会的贵妇、小姐们穿着装饰繁复的长裙高傲地登上前往社交舞会的豪车，那种拉长的、夸张的比例关系和长 S 曲线恰恰烘托出高端、娴雅的"贵族气"，"有钱"又"有闲"的特征——其时的高档汽车产量仍然很小，价格昂贵，主要供有钱人消遣和使用。因而，追求表面的装饰性、豪华感在那个时代的大排量车里成为主流。那时的主流装饰曲线多为两个方向上都有弯曲的长曲线（见图 1-4），其卷曲的程度和复杂的工艺性证明其并没有太多实际的使用功能需要，正如那时上流社会的服装一样，追求烦琐、冗长，强调形式感的表面装饰。

图 1-4　卷曲的装饰线

分析、研究当时的主流车型，我们可以从这些最早的"先驱"中找到很多在今天看起来非常时髦、熟悉的专有名词：Phaeton、Cabriolet、Two Seater、Coupe、Saloon、Sedan、Limousine、Roadster……不过不论这些不同的车型被冠以何种名称，不论它们的侧面加上了一条什么样的长曲线，它们那呆板的方盒子式车身轮廓线的本质却并没有发生本质变化。20 世纪 20 年代的汽车造型如图 1-5 所示。

3. 流线革命（20 世纪 20 年代）与流线型时代（20 世纪 30—50 年代）

1922 年，汽车业迎来了一场真正的革命——由 Paul Jaray 设计的这款流线型概念车横空出世了（见图 1-6）。在这款当时略显"古怪"的试验品的表面上出现了前所未有的光顺表面，不再有明显的六面体式的分面转折，车身表面几乎没有明显的突起，强烈弯曲的单曲面玻璃替代了以前平直的前风窗，就连当时作为行业标准配备的独立式大灯也被完全地融进了车头两侧，而轮辐表面的辐条竟然也被整合为一个平滑曲面。源于流体力学最新成就的光顺曲面，大大降低了车辆高速前进的风阻，减低了油耗，提高了车速。而该车诞生的主要目的就是要尝试实现他的 streamline——流线型概念。这是工业界前所未有的全新尝试，将汽车工程学与空气动力学的最新成果融合起来，是 20 世纪早

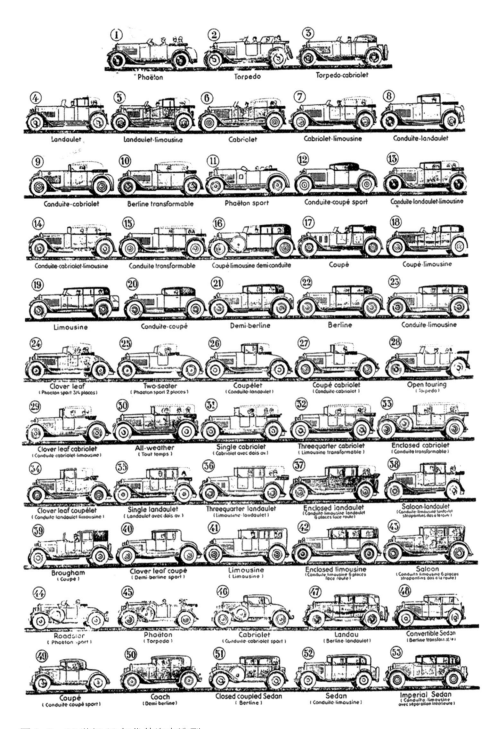

图 1-5 20 世纪 20 年代的汽车造型

汽车造型创意设计

期真正意义上的跨学科研究和设计的典范，同时这也给艺术设计师们带来了前所未有的时尚元素。

这些在今天看来极为普通的设计元素，在那时却是"石破天惊"的"超前设计"，他完全改变了人们对汽车形象的认识，也彻底颠覆了此前那些只能在方盒子上做些表面装饰工作的"美工"形象——设计师开始走上舞台，而造型设计本身的发展则摆脱了单纯的装饰目的，不再流连于表面的浮华，开始真诚地与理性、技术和科学彻底融和，终于融入了汽车工业，真正成为其不可或缺的一部分。让我们记住Paul Jaray和他这辆并不起眼的"试验品"吧，这才是今天形态各异的时尚先锋们真正的"开山鼻祖"和老前辈。

在Paul Jaray的前卫流线型的尝试之后，很多汽车生产企业纷纷效仿，一些成功投入生产的量产流线型车开始风靡市场——1934年美国克莱斯勒公司生产的气流牌小客车轰动车坛，以图1-7所示的流线型造型为起点迅速风靡了整个汽车行业，并在20世纪30年代以后得以发展、繁荣，并日臻成熟。1933年由波尔舍博士设计、至第二次世界大战后的1949年批量生产的经典流

图1-6 Paul Jaray设计的流线型概念车

图1-7 流线型汽车造型开始风靡整个汽车行业

线型汽车——大众甲壳虫,更是成为那个时代最成功、最普及的流线型经典车型之一,这也是一个里程碑式的新设计,开创了一个流线型风靡全球的新时代,其理念也成为社会民众的主流时尚理念。

至20世纪50年代,流线型在美国更是演变为风靡一时、形态夸张的超级流线型。由于正好赶上了战后航空技术"爆炸"的时代,一些设计师为了突出车身表面的空气动力学特征,将一些喷气式飞机上的设计语言,如圆润的机体、圆滚的气泡形座舱、高耸后掠的刀装垂直尾翼等,都借用到汽车的造型之上,仿佛就像随时可以飞向天空的飞行器飞驰在公路上。这种大胆、奢华的设计非常具有"未来主义"的效果,堪称那个时代的时尚先锋(见图1-8)。这个时期可以说是"流线型"造型风格发展的鼎盛时期。然而,似乎应了"物极必反"这句老话——超级流线型的很多元素虽然看起来超"酷"、超过瘾,但在日常实际行驶、使用中却并没有太大的必要性,因为当时的人们并不总是保持很高的汽车

图1-8 美国50年代夸张的流线型汽车造型

行驶速度,而且相比于飞机的平均飞行速度,普通汽车的最高行驶速度的差距也非常大,很多夸张的造型在低速情况下基本没有什么优势,而车身后部那些巨大的尾翼在实际使用中反而会增加车身质量,无端地增加了成本,并造成拿取行李的不便,再加上经过了一段时间的超级流线型的流行,人们对其已经不再抱有最初的新奇态度,逐渐失去了热情,这种特别夸张的设计便渐渐弱化,诸如垂直尾翼的设计经过逐渐缩小直至最终在普通乘用车上消失,仅在一些超级跑车上仍然能够看到一些造型语言在细节设计上的延续。

当然,超级流线型的风靡与消失并不意味着流线型的消亡,相反,流线型已成为其后造型设计师们默认的基本风格。不论设计师在做何种创新,流线型的基本造型特征还是会被保留在最新的设计中。这是因为流线型的一些基本造型规律是经过空气动力学研究与实验验证的,而实现汽车具有较低风阻的造型设计是现代汽车外形设计的基本要求。这个过程延续的时间很长,直到今天,我们的汽车设计似乎都无法彻底逃出"流线型"的影响。

20世纪20—50年代,我们还会发现另一个重要的设计特征,那就是几乎所有车型的侧面轮廓线以及腰线都追求并强调一种前高后低的运动趋势。这个特征的影响甚至更为深远。

综合来看,20世纪20年代兴起的流线型设计深刻地改变了汽车风格设计的时尚价值观,表现为圆润、饱满的流线感,侧线趋势前高后低。

4. 横平竖直的60年代

20世纪60年代欧洲汽车工业完成了复苏并继续增长,人们对持续近40年的流线、圆滑已感疲倦,新的变革恰逢其时。现代主义的简洁、严肃和功能主义的形象已成为时代的新追求。虽然有些有识之士在60年代后期开始对"现代主义"展开反思,并探讨酝酿"现代主义之后",但"简洁就是美"的影响力却超乎想象。汽车设计中追求功能主义的简洁,同样呈现出了"现代

图 1-9　Ford Berliner Prototype，1963

主义风格"特征。60 年代的这辆 Van（见图 1-9）堪称第一款真正意义上的多功能车，它突破了以前的三厢、两厢的固定模式，单厢的大尺度空间为多功能提供了可能。但其更为革命性的意义还不限于此，其外表面简洁、平顺，在侧面上、下两个曲面交接处大胆保留锐利的棱线，突出了其光洁、理性、整齐、锐利的气质，严格实践了密斯的"简单即美"的审美原则。这种面与面的不导角的锐利交接看起来就是 20 世纪 90 年代风靡全球的"新锋锐"风格的最早版本，因为两者的造型原则和处理结果几乎完全一致。

20 世纪 60 年代的侧线发生根本变化，从 50 年代的前高后低趋向平直发展，最终侧面轮廓线和腰线完全在水平方向上延伸发展，其他关键造型线条也都几乎是横向水平的，纵向的线条也多为竖直的，横、竖线条的夹角基本接近 90°（见图 1-10）。这时候人们心目中的未来世界、未来的汽车也是以那个时代的"时髦标准"来猜想的。对未来世界的畅想，也同样追求扁、水平和极简，是对量产车更为纯粹、更为理想化的改进。20 世纪 60 年代的西方世界流行紧身服装、大喇叭裤和摇滚，人们以瘦为美，车的设计亦然。

图 1-10　车身关键造型线变得横平竖直的 60 年代

也许是厌烦了 60 年代的极简，人们开始追求更多改变。在图 1-11 所示的这款大众车的车身设计图中赫然出现了夸张的大深度尖锐突出棱角线，这种立体感强烈突出的棱角线从前脸发生，延伸至两侧，带起了整个车身曲面，使之看起来就如用手揪起来的一块绸缎！从截面观察，棱线的尖点两侧均为双向 S 形曲线，这正是其体积感饱满的主要原因。

这种大胆的设计语言在 30 多年以后"改头换面"，并迅速"蹿红"，其"开创者"Chris Bangle 更是被我们奉为"大师"。他的"惊鸿一折"（见图 1-12）改变了"宝马"，也彻底改变了汽车行业的整体设计面貌并延续至今。近年推出的所有的新车型几乎没有不被这种更具雕塑感、体积感、艺术性和进攻性的前卫曲面所折服，那些没有大折面腰线的车型好似"韶华不再"的怨妇黯然离去。即使崇尚尊贵、典雅的奔驰，追求朴素、简单的大众（见图 1-13），甚至一贯追求知性、不张扬的奥迪也都不得不放弃"矜持"，争相推出各具特点的强化体积感的双曲面腰线，仿佛不如此就不够时尚，就跟不上时代。然而比较今日的"当红"时尚，我们却无法否认今天与 20 世纪 60 年代的血脉关联和前后

第 1 章 绪论

图 1-11 大众 Karmann-Ghia（1962）设计草图

呼应，我们必须感谢 70 年代留给我们的宝贵"礼物"。当然 30 年后的再次出现与当年并非一模一样，经过重新改良的锐利棱线，可称时尚的"螺旋式上升"，或曰"回潮"。

5. 扁平的 70 年代

20 世纪 70 年代追求更为扁平的感觉，对平、瘦的追求较之 60 年代更甚（见图 1-14）。但 70 年代给我们的最大财富还在于车身侧线趋势的继续变化，即"前低后高"营造出俯冲的速度感逐渐替代了平稳的水平线，这种新动向也直接导致了"楔形车"的出现。从此，前低后高的姿态彻底征服了其他趋势，直到今天

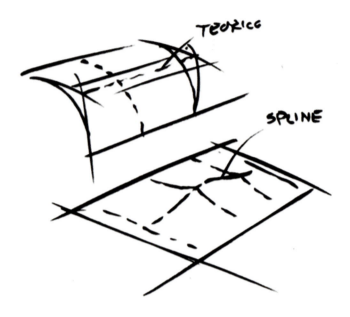

图 1-12 Chris Bangle 的"惊鸿一折"

图 1-13 现今汽车车身上的 S 面特征

图 1-14　扁平的 70 年代

仍然是汽车设计界侧面形态处理的主流趋势。

6. 向饱满圆滑发展的 80 年代

相比 20 世纪 70 年代车身上的扁平型面，80 年代逐渐向饱满、圆滑发展。起先是在平直的大面之间的转折上出现了圆滑的过渡，之后更逐渐发展为整车被圆滑饱满的大曲面所包围，汽车设计一下子从扁平、狭长、硬朗的极端走到了圆滑饱满的另一个极端。很多车型的大曲面追求"自由曲面"的动感，尤其从车尾观察颇似圆滚的"大屁股",因此这种圆滚滚的"大屁股"也成为 80 年代的最具特色的元素。这时的圆滑、饱满与 30 年代开始风靡的流线型的饱满圆滑颇有渊源,但又不完全相同——随着时光的流逝、技术的发展,车型的轮廓线已经不尽相同,侧线的动态趋势也不再是前高后低的"传统动感",代之以水平或尾部趋势略微上扬的"新动态"。这种多年以后的轮回,有"回潮"又有新意,正符合"螺旋式上升"的时尚规律。

7. 新锋锐风格的诞生

20 世纪 90 年代最火爆的事件莫过于福特的 KA 横空出世(见图 1-15)。KA 在 80 年代原有的圆滑饱满的基础上增加了一些尖角和棱线的处理,这种在饱满形态的基础上出现的锐利的感觉强烈地冲击了那个时代人们的视觉,再加上自 80 年代以来人们看到了太多的圆滑、饱满的形态,新锐的 KA 的出现恰逢其时地满足了人们的视觉需求。这种"饱满+硬楞线和尖角"的处理被称为"新锋锐"风格,"新锋锐"风格很快风靡全球汽车与工业设计领域,并在 90 年代中期通过港台的设计公司传入中国。至今,

图 1-15 福特引领"新锋锐"

"新锋锐"的变体仍在工业领域发挥持久的影响力。

8. 21世纪至今

进入21世纪以来，汽车造型设计进入了加速发展的阶段。全球的汽车企业都把目光盯在新兴市场，而设计又是强化各自竞争力、争夺新兴市场份额的主要"利器"之一，一时间Driven by Design成为各大厂商的最新口号。在21世纪最初的几年，各个厂家都在努力探索进而重新构建其整体的产品形象、品牌形象。一些著名的品牌如宝马、奥迪、大众、福特等都经历了巨大的"形象革命"。夸张且锐利如刀的Blade Edge新宝马、上下进风口连成一体而形成的"大嘴"新奥迪强烈地刺激和冲击了整个汽车设计行业，迅速成为最新时尚和时代潮流，不论你喜欢与否都必须赶紧跟上最新的"时代脚步"，即使一贯以经典、稳重、圆润、大气著称的戴姆勒也要在其最新的奔驰S600上出现锐利的腰线和有棱角的大灯。一时间，大家在新的世纪里都在忙着通过推出富有自己特征的造型设计而重新诠释并提升自己的品牌形象，汽车创意设计体现出前所未有的重要性并发挥了巨大贡献。也正是由于各个厂商的高度重视，设计部门的设计师等从业人员也得到了前所未有的发展机遇。设计领域开始出现"百花开放、百家争鸣"的局面，最新的突破性的创意设计层出不穷，造型设计的面貌也因此焕然一新。

纵观初生、20年代、60年代、70年代直至今日，汽车的造型语言经历了圆滑、硬朗和尖锐的变化过程，侧线的趋势也经历了从前高后低的"老运动感"发展到水平方向扩展的"平直"再到前低后高的"楔形前冲"的戏剧性演进（见图1-16）。在这三个充满创造性变革的重要年代里，有许多惊喜，也似乎可以找到某些轨迹。未来会怎样？明天该如何？这可能是最容易也最难回答的问题，答案也许就在这些重要的造型发展关键时期之中。

图 1-16 汽车造型趋势的变化

第 2 章　造型设计创意思维与方法

2.1　创意设计的核心——创意设计思维

工业设计是为人服务的，目的是使人与物、人与环境、人与人、人与社会相互协调，其核心是为"人"，旨在将经济、适用、美观等原则有机统一起来，为人们创造一个更合理、更完善的生存方式与空间。

工业设计研究人对物的需要，其中又分为生物范畴的"人"和社会范畴的"人"。生物范畴的"人"对物的需要包括：

（1）人的生理特点，即人体计量学、解剖学、人机工程学、行为科学等。

（2）产品与环境形成因素，即材料、构造、工艺技术、价值分析、环境保护等。

（3）产品流通与信息传递，即包装、广告、展示、交互等人与产品的反馈系统。

社会范畴的"人"对物的需要包括：

（1）审美功能，即不同年龄、职业、地域、民族、性别的人对造型、色彩的心理感受。

（2）象征功能，即人的行为生存方式、理想、道德、哲学、社会学对人类心理的影响。

（3）教育功能，即语义学、伦理学、教育学、心理学以及现代信息社会学习的新方式。

工业设计的目的与内涵对设计师的认知与思维也提出了相应要求：

（1）设计的终极目标是要创造更合理的生存（使用）方式。

（2）设计的主角是人，关注的是人的行为。

（3）设计师将使用产品及服务过程的"幸福指数"作为设计的评价指标。

（4）设计应从生活、需求和问题着手，解决问题的出发点是用户需求，而不是商业模式或技术先行。

（5）团队要多样化并能实现优势互补，设计过程需要跨界协同。

创意设计本身并没有固定的模式与方法可循，但是在开始创意设计的时候，设计师必须了解基本的设计规律、设计思维与方法，想成为专业的创意设计人员必须要逐步建立创意设计的思维方法。

在汽车造型创意设计的过程中，必须树立独特的创造性设计思维。所谓的创造性设计思维就是要尽一切可能突破想当然的思维方式，抛开既有的惯性思维模式，尽最大可能寻找全新的设计突破，追求创新最大化的设计思维方法。每一位专业设计师对于创造性设计思维都会有自己的理解，他们在实际的设计活动中也会有各自行之有效的方法。所以对于创造性设计思维本身也不应该以某种特定的思维模式或方法来加以限定，因为对于"什么是创造性设计思维""创造性设计思维的概念及其具体内容"进行讨论的议题本身就应该是开放的、创造性的以及多样性的。

但是，对于初学者而言，创造性设计思维总要有些具体的可操作的方法。我们在这里将简要介绍一些曾在设计过程中成功应用的创造性设计思维方法，这些方法并非是创造性设计思维在实际设计工作中唯一的、恒定的实践方式，但在一定情况下是行之有效的。

在实际操作中，创造性设计思维比较常见的切入点是明确设计工作的目的。设计活动在开始时必须明确目的。针对任何一个设计课题，必须清楚地知道要实现什么目标；反过来对每一个设计工作的评价也需要考察其是否满足了当初确定的根本目标。设计思维的基本过程可以粗略分为"发现问题—分析问题—解决问题"几个阶段，在每个设计任务开始之初都必须清楚地知道自己要干什么。

基本上，目前主流的设计理论都倾向于首先明确设计的根本目标是"人"，以人为本的设计才可能更好地为人服务、为人所用，也才更容易被人接受。然而，这个"人"的概念背后实际上又蕴藏了太多的内容，要想明确设计目标必须在为"人"的基础上更进一步地弄清楚诸如"什么人""喜欢什么""怎么用"等问题。我们把这些问题集中起来，并加以合并、精简，可以总结出五个经典问题，这就是"谁"于"何时"在"何地""为什么"使用、使用"什么"以及"怎么"使用这一交通工具？在很多关于市场营销设计方法的著作中，可以看到将这些典型问题的英文疑问词的第一个字母合在一起而称之为5W1H。通常情况下设计人员需要明确知道这几个经典问题的答案，才能够继续下一步的设计工作。

这几个问题的具体内容分别是"谁""什么人"——事实上这应该是指某一个特定的人群，比如以收入、年龄、性别、喜好等特质区别出来的一个人群或家庭。现实的设计工作往往需要瞄准某些特定人群进行有针对性的设计，因此，识别出这个人群是设计工作的第一步。其他问题则是基于这个人群的，他（她）们"何时""何地""为什么""干什么"以及"怎么干"或"怎么实现"。把这几个问题都清楚回答一遍，将非常有助于理清设计师的设计思路。

举个例子，假设一款新的概念车设计的要求是"为你所在的市场的某个人群设计一款概念车"，对于此类题目，基本上没有特别清晰的细分界定，设计师必须根据自己的喜好、平时的观察自行确定更为明确的设计目标。面对"经典问题"的提问，我们不妨尝试回答一下。

第一,"谁"?

答:为"都市女性""年轻人""老年人""残疾人"等细分人群,而且还可以根据年龄、收入、阶层等信息继续加以细分,明确目标人群。

第二,"何时"?

答:在"上下班时间""假日""夜晚""冬季"等特定时间段。

第三,"何地"?

答:在"城市中心""郊外""野外""山区""沼泽地区"等特定区域。

第四,"为什么"?

答:为什么要使用这种交通工具呢?也就是此次设计的根本目的。比如对于在"城市中心"工作的"职业女性"因为遇到停车难的问题,需要一种能够尽可能减少停车面积或非常容易停车的交通工具。

第五,"干什么"?

答:用这辆车干什么?还是以"城市中心"工作的"职业女性"为例,她们需要开车上下班、开车购物甚至开车接送小孩儿,所以这辆车应该至少具备轻松放置文件夹、女性挎包的空间,在商场、市场购买的日常生活物品的携带空间,至少有一个儿童的位置,还要有一个其他女性专用物品的摆放空间(如开车专用鞋的存放空间)。

第六,"怎么使用""怎么实现"?

这个问题在这里也可以理解为以上这些需求怎样处理、怎样设计才可以满足要求?仍然以"城市中心"工作的"职业女性"为例,这个设计的主要目标是减少停车面积、容易停车,这就要求该车在停车时必须尽可能减少占地面积,尤其要减少车身的长度。但是如果既要保证各种物品的存放又要求具备一定的空间来满足乘员与物品同时在车内的需要,解决这一问题的方法可以有以下几种:方法一,尽可能缩短车身长度,同时增加车身高度,保证车辆的整体体积;方法二,设计可以缩放的轴距,也就是说在乘员、物品满载时拉长车身,轴距加长,而在乘员离开座位停车时可将该车缩短,轻松停车;方法三,利用方法二的原理,以折叠而非缩放的形式实现上述目标;方法四,设计为单元分体组合结构,可在停车时分裂为两个以上的单元体,见缝插针停车,或者在购物时,其中某个单元直接推入商场作为购物车或婴儿车使用……

应该说,只要设计师开动脑筋,解决方法是无穷的,即使是"异想天开"的概念也未必不是新锐设计的开端。我们可以从众多解决方案中找出最为适合、最为新奇同时也比较可行的方案作为主打方案进行图面的设计工作。

然而,在尝试回答这些问题时,我们还会面临一个更加难以解决的问题,那就是设计师对于自己所确定的人群以及对与他们相关的问题的回答是准确的吗?设计师对这个人群的生活了解吗?事实上,设计人员对于自己熟悉的人群直接进行问答、分析问题不大,例如这个人群就是设计师本人所属的人群或是自己的父母、亲属、朋友所属的人群;但除此之外,对于那些设计人员不甚了解的人又该如何作答呢?最好的解决方案就是设计调研。

2.2　设计调研

设计调研是针对与设计命题紧密相关的人群开展的关于生活形态的各方面信息的收集、整理和研究。具体的研究内容包括这些人群的收入、阶层、年龄、喜好、背景、生活习惯等方面的描述信息。在进行设计调研的过程中,设计人员最好能够亲身经历整个调研的各个阶段,了解、体会目标人群的生活环境,深入研究他们的喜好、特点,设法找到这些潜在用户对于目标车的期望和特殊需求,从而使设计调研的成果有可能作为未来设计发展的重要依据。

设计调研的基本手段包括资料搜集、问卷调查、潜在用户访谈、图像反射分析等。

典型的设计调研的基本流程为：

（1）初步圈定调研人群的大致范围。

（2）制定详细的调研计划。

（3）首先针对该人群开展背景资料的搜集、整理，逐步找出初步的调研重点。

（4）设法找到并设法联系到相关人群，进而开展问卷调查研究，做出初步定量分析。

（5）找出 8~10 名用户或潜在用户，开展小范围的访谈，访谈议题可由主持访谈人员自行设定，但目标是要充分调动参与访谈者的积极性，尽可能将心中对现有产品以及目标产品的设计和使用方面的期望、抱怨显露出来。在此基础之上进行定性分析。

（6）如果有竞争产品，同时也可以对竞争产品开展定量与定性的调研与分析。

（7）将调研与分析结果汇总并加以整理，找出重要的有价值的调研信息，做总结。

以上的设计调研在前期资料、信息搜集以及调研实施阶段的流程方面原则上与一般的市场调研类似，而实际上，很多汽车企业的设计部门或设计公司也会委托专业的市场调研公司帮助开展设计调研。设计调研与一般调研的最大区别在于内容——设计调研的核心目标是为了使设计师得到目标人群对于一些关键性问题的解答。因此，设计调研从资料搜集、问题设定、调研执行到访谈内容都必然会关注与设计紧密相关的问题，尤其对于很多问题的回答是无法量化的，必须通过特殊的手段来明确被调查人员的真实意图。比如，如果被调查人员声称自己最喜欢的是运动感的车型，那么他（她）所说的这种运动感究竟是哪一种呢？是兰博基尼跑车的运动感、Jeep 越野车的运动感还是类似越野摩托车的那种暴露结构的运动感？设计调研中必须利用具体的图片和形象确定被访问对象的具体所指，这样的调研结果才有可能是可用的。基于人力、社会资源方面的考虑，设计调研的实施操作往往由调研公司代理，但具体的问卷内容、访谈议题、搜索范围、调研目标必须由设计人员制定、参与，而最终得出的结论也必须得到设计人员的认可。

2.3 设计定位

在设计调研得出了重要结论以后，设计师已经可以比较肯定地回答出前面提出的几个经典问题了。此时，关于目标人群的很多背景信息已经逐步清晰起来，我们可以比较明确地界定此次设计的一些基本方向和大致范围，此时可用明确的语言加以客观描述，这个阶段我们也称为设计定位。定位在这里可以理解为在一个较大的范围内圈定出更小规模的特定目标人群的精确范围。在阐述定位的时候可以借助一些图表加以形象说明。

相信每个设计师都会发觉设计创意的产生原来并没有想象的那么神秘莫测，看起来一个新概念的诞生也是蛮容易的。但是，设计分析到这里其实只是刚刚开始，前面的分析固然重要，但这还仅仅是个故事梗概。作为造型创意设计的专业设计师，必须要将这些新奇的想法反映到纸面上，用更加新奇、准确的形态将这些概念演变成可视化的设计，而这一阶段恐怕才是最考验设计师能力的时候。

汽车造型概念设计的演进依赖于对整车形态的推敲。不论多么新奇的故事必须付诸形态，所以没有对形态的深刻理解，没有高超的形态处理和控制能力，没有对形态的敏锐的感悟、微妙到位的感觉，是很难塑造出精彩、动人的设计的。

说到感觉，在抽象的文字与最后的设计图纸之间仿佛还缺少一些过渡的环节，如果设计师希望或被要求设计一款"动感、强悍"的运动车，那么究竟怎样的形态、怎样的视觉感觉才是"动感、强悍"的呢？而这种"动感、强悍"又是否是目标人群所认同和接受的呢？这时候意象板的出现就成为必要了。

2.4 意象板

意象板（image board）的主要作用就是通过可视的图像找到设计师最希望找到的设计感觉的一种形式。意象板通常需要首先确定设计针对的目标，如某个特定人群、某种特定感觉、某种风格等。事实上，设计师头脑中的抽象感觉、意象板上的具象形象以及最终的汽车创意设计方案之间是可以相互沟通、连接的，这是因为人对于各种不同形式的感觉具有"通感"的能力。通过"通感"可以将不同的感观以某种特定形式呈现出来，这个特定的形式就是视觉图像。在意象板中，可以将任何符合这种感觉的图像呈现出来，但是一个非常重要的前提是该图像所承载的信息以及其所传达的感觉一定要准确到位。

意象板的另一个重要的原则是"精"，千万不要盲目追求图像的数量，太多的图片只能让设计师所追求的感觉变异，不再"纯正"。这些图片可以是人物、动物、自然风景、建筑物、食物、器皿、电器等。

为了更好地控制感觉的纯正，在制作意象板之前通常首先要明确所要追求的感觉，而这种感觉最直接的体现是几个抽象文字，也就是用一两个精准的词来加以形容。这些形容词就是"关键词"——Key Words。关键词通常都很简短，而且要非常准确。例如，我们在写作文时都会接触一个词——"凝练"，就是说，再多的含义，再好的意思，最后都要汇集、精炼为最简要的两个词，让这两个词承载对这款概念车核心感觉的概括。或者我们也可称之为"纯"，好比很有特色的菜肴，川菜是"辣"的，鲁菜是"咸"的，海鲜是"鲜"的，甜品是"甜"的，这些味道都很"纯"，正是深受人们喜爱的主要原因。但是如果厨师将这些味道不加分辨、不分主次地混合在一起，其结果就会变成一锅"泔水"——味道太多，没了主次，相互掩盖、影响、争相抢夺味觉的注意，只能使其整体上失去主味，没有特色，走向了反面。任何味道都有其存在的意义，每个人对于"味道"都有自己的喜好和感觉，造型设计也是如此，希望设计师一定要记住，好的设计并不在于有多少项创新，而在于某个创新的深度——这个创新点走了多远。

在关键词与主要意向和图片都基本确定以后，必须再次对二者进行比对，确认它们所要表达的意思是一致的，不能存在任何的哪怕一丁点儿的不相协调的矛盾意义。

意象板可以准确定位设计师所要追求的感觉，可以在抽象与具象间建立起"桥梁"，无论是设计师还是设计评价人员都可以通过意象板明确知道和理解设计师的意图，判断具体设计的方向是否合适、准确。意象板的意义非常重要，再次强调制作意象板的核心要点是：

（1）精准、纯粹；

（2）简洁。

在对用户的各个方面进行分析与研究之后，在意象板的启发与引导下，相信设计师已有足够的概念希望表现在纸面上。下一步的工作就是要解决如何将这些概念以一种更为前卫的形态表现出来的问题。

2.5　以"造型"为先导的创意设计思维

以上所述的基本思维和分析流程属于主流的设计创意思维流程，可以归纳为以潜在用户为先导或为切入点的设计流程。当然在实际操作中，很多非常有特点的新奇设计并不是以此为出发点的。实际上还存在着其他一些不一样的设计切入形式，比如以物的形态为切入点。很多设计人员愿意先从某些特定的形态入手开始新的设计，一些优秀的最初设计灵感来源于某种鱼或某种哺乳动物。一些著名的大师只是从空气动力学的形态开始自己的每件设计作品，还有的设计师只是关注于某些新的型面关系的突破。这些成功的例子说明，好的创意设计思维并非一成不变，好的创意设计未必都一定需要去做问卷调查。但是，即便是这些例子里的最成功的大师，在找出新奇的形态以后，也都必须要考虑其成为真实产品之后的实用性问题，以"造型"为先导的设计终归要考虑这些产品可以适用的人群，否则，毫无实用价值的设计最多只能当作艺术品存在了。

也就是说，即便是以"造型"为先导，也要尝试回答关于目标人群的那些经典问题。不同的是，以"人"为先导的思维和设计过程是先找到人再出形，而以"形"为先导的设计是先出来了形再去找人。所以，对于初学设计的学生，无论哪一种思路，本书都建议你不要回避回答经典问题，制作形象贴切的意象板。

基于以上的设计思维，我们发现，无论以"人"为先导的设计还是以"形"为先导的设计，都离不开对于造型的深入分析与理解。

第3章 汽车造型创意设计的分析方法与设计方法

汽车造型设计是将艺术、设计与工程、技术完美结合的设计过程,是汽车企业参与市场竞争的重要手段。随着市场竞争日趋激烈,其重要性也越发凸显——毋庸置疑,好的产品是汽车企业参与市场竞争的最为核心的"武器"。而车型的造型设计是否符合消费者的品位、文化背景、生理与心理需求,是否能迅速为目标人群所接受,是否符合甚至引导时尚潮流,都会直接影响企业的利润、市场竞争的走势,乃至企业的发展命运。

不论是在都市、乡村,还是在公路、旷野,一辆汽车能够在茫茫车海中被消费者更好地识别、认知,进而产生购买冲动,无疑是各大汽车厂商一直以来的品牌追求。作为品牌的载体,产品的形象往往会对消费者产生潜移默化而又深远的影响。为了提高受众对汽车产品的认知度,实现企业利润的最大化,对融合企业品牌形象的产品形象进行控制是非常必要的。品牌形象和产品形象相互影响、互为补充,既有变化又有统一,能够传递出企业的核心理念与独特气质。在具体的造型设计开始之前,需要对市场、目标用户、发展趋势等做深入细致的研究分析工作,其中,对现有车型、竞争车型、概念车型等进行造型设计分析有助于判断和把握汽车造型设计的发展方向,进而可为企业制定设计战略提供重要的参考依据,具有一定指导意义。

本章总结了现有汽车造型设计分析方法的优、缺点,提出了一种新的造型设计分析方法——基于抽象形态的汽车造型创意方法,并通过实践证明此设计分析方法是目前较为先进的、实用的设计分析方法。

3.1　现有造型设计分析方法

目前已有的汽车造型分析方法,多从"美学特点"和"比例数值关系"等角度出发进行研究。很多设计分析文章,依据造型的"美学特点"和"规律",对"均衡、对称,稳定、轻巧,调和、对比,单纯、和谐"等形式法则进行分析,偏重"形式"理论的研究。

另一种国内常见的设计分析理论则试图通过大量的数据统计得出经常出现的比例的精确数值关系来把握汽车造型设计的一般规律,并指导造型设计。此类文章都认为具有美感的设计比例是黄金比(0.618)和均方根比($1:\sqrt{2}$,$1:\sqrt{3}$),因为它们的比例关系符合人们的视觉习惯;又提出整数比(边长之比1∶2,1∶3)矩形具有明快、均整之美,且工艺性好的特点;并以"现代轿车正面的宽高比约等于0.618,宽长比约等于$1:\sqrt{3}$ 或1∶2;大客车的高长比约为1∶3"等为例支持这一理论。国内出现过的涉及造型设计的文章与教材基本都有类似论述。

以上分析方法虽各有特点,却都缺乏一定的可操作性。目前,从学习造型设计的院校学生到专业的汽车造型设计师都非常需要一种针对性和可操作性很强、具有指导意义和高效率的专业的汽车造型设计分析方法。

3.2　影响造型的主要因素

要找到好的设计分析方法,就需要先了解影响汽车造型的主要因素。在造型设计过程中,设计师往往需要一组"保证汽车具有代表性的基本使用功能而必须占有空间的点集",这些"点集"我们称之为硬点(hard points)。所谓硬点是指汽车设计中确定的不能改变、强行确定的位置或形状，它可以是孔、平面或一段曲面等。

设计师必须想尽办法使车身造型的外表面避开这些硬点，而这些硬点实质上就是影响汽车造型的总布置、人机工程、空气动力学等工程因素的集中体现。

1. 总布置

总布置，就是考虑到发动机和底盘的各部件及车身设备的车身总平面布置。影响汽车造型设计的总布置要点如图 3-1 所示。

在现代实际的汽车造型设计过程中，设计师在开始设计工作之前，首先需要确定所设计车型的总布置，即长、宽、高、轴距、前悬、后悬、车轮大小等主要因素。不同级别的车型总布置也不尽相同，有些甚至差距很大，即使在同一品牌下情况也是如此，图 3-2 所示为宝马旗下不同级别轿车的侧视图（体量与总布置）。

前部周围

1. 导流点
2. 机舱高度（发动机/水箱）
3. 前灯
4. 死角长度
5. 保险杠高度/间隙
6. 前悬伸长量
7. 冷却

客舱周围

1. 风挡玻璃倾斜角
2. 视野（前后/左右）
3. 车顶间隙
4. 各支柱结构位置
5. 安全带线高
6. 轴距
7. 车轮大小

后部周围

1. 后备箱开口高度（体积）
2. 死角长度
3. 尾灯
4. 保险杠高度/间隙
5. 后悬伸长度

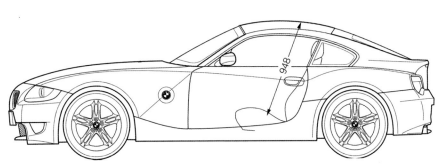

图 3-1　汽车造型（外形）设计的总布置要点

汽车造型创意设计

图 3-2 宝马 1/3/5/7 系车型侧视图

基于不同的体量和总布置差异，各级别车型的造型比例、设计语言就会呈现出各种差异。紧凑级轿车与全尺寸轿车的整车尺寸、比例、设计语言差别就非常明显。外形差异最为显著的部位包括引擎盖的长度，前沿高度，不同的前悬、后悬、轴距，以及由此而产生的侧面轮廓线的差异等。可以说，总布置对于造型设计具有举足轻重的影响。

2. 人机工程

影响汽车造型的另一大因素是人机工程。在影响人车配合的几个关键点增加设计约束，能提高人的工作效率，并增加使用者的舒适性。例如，在汽车造型设计中，A 柱的宽度不能过大，以免造成驾驶员盲区过大；车窗不宜太小、前引擎盖不宜过高，以保证前面和侧面视野范围……总之，随着机械化、自动化和电子化的高度发展，人的因素在生产中的影响越来越大，人机协调问题也变得越来越重要，对造型设计的要求也越来越高。

3. 空气动力学

经过了近一个世纪的演进，汽车造型一直试图在美学与空气力学两者之间取得一个平衡点。当代高度成熟的汽车工业技术以及对于空气动力学特性的充分研究使得同一级别、同一用途车型的轮廓线呈现出一定的趋同性。

影响造型的因素当然还有很多，由于篇幅所限在此不再赘述。

但是，这些约束条件并没有限制造型设计师的想象力，反而大大加速了现代汽车造型设计的快速发展和不断演进，我们看到了越来越多风格迥异、变化丰富的新奇概念设计，还有更多经典的、成熟的、已成为产品的设计出现在我们的日常生活中。应该说，真正成熟的专业造型设计师都是在众多限制之中找到自己发挥的空间——既要保证一系列的工程技术要求，又要尽可能找到独特的创新之路，这也正是造型设计真正的难点所在。

基于对以上影响设计的重要因素的理解，以及长期以来对设计分析的探索和研究，我们提出一种更为切实可行的设计分析方法——基于抽象形态的汽车造型创意设计与分析方法。

3.3　基于抽象形态的汽车造型创意设计与分析方法

以抽象形态为指导的汽车造型设计流程早期阶段无须急于开展整车的造型设计，而应将抽象形态置于整个造型设计流程的核心位置，通过抽象形态表达设计概念，经过一系列的设计演进最终转化到车型中。由于提炼出的抽象形态不会受到某一具体车型限制，它可以演化成一种统领整个产品线的设计语言，从而引领整个品牌的设计方向，成为品牌战略形象的有机组成部分。

这一设计与分析方法是以形态推演法为基础的，在从各类设计来源到实车的过程中，完整地展开形态推演过程，作为必要的支撑和辅助。汽车造型设计流程与抽象形态设计分析方法的融合如图 3-3 所示。

通过抽象过程，设计者能够更好地把握造型的整体感觉，抓

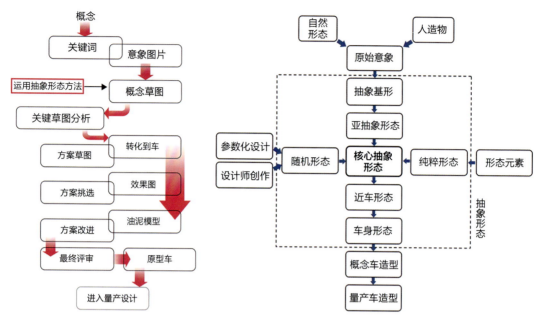

图 3-3 汽车造型设计流程与抽象形态设计分析方法的融合

住造型中的精髓，具象形态中蕴含的"神"和设计定位中的市场需求均可被更充分地表现出来。将具象造型中核心审美特征传递到与之并不"形似"的汽车车身上，并且在不存在具象意象的情况下，通过探讨比例、姿态、结构、线面关系等，更好地设计出符合现代工业产品审美特征的造型。

3.3.1 抽象形态的概念

在汽车造型设计领域中，所谓的抽象形态并非艺术学领域中广义的抽象形态，它特指抽象立体形态，而非平面形态，需进行三维空间的形态探讨。并且该抽象形态特指非车但近车的形态，指的是各种层面、各种发展阶段的一系列形态。

汽车造型设计既需要区别于单纯审美的艺术形态，又应区别于纯理性产物的科技形态。所以我们需要对汽车造型设计中的"抽象形态"进行重新定义。

第3章 汽车造型创意设计的分析方法与设计方法

（1）汽车造型中的抽象形态（abstract form）是指通过有条件地选取具象形态中的某些特征元素或基于风格或特征的描述，抽取提炼本质属性或关键特质（相对独立的各个方面、属性、关系）从而得到的纯粹形态。

（2）汽车造型中的抽象形态无所谓"具象的抽象"（有客观真实为根源的抽象，如立体派、表现主义等）或"非具象的抽象"（追求纯粹的简单几何上的抽象之美，强调形式语言本身的魅力，如包豪斯、构成主义等）。它既可以表达一定的思想或精神内涵，也可以纯粹探讨形式美学，这取决于造型概念。如马自达的"魂动"概念和奥迪的Prologue概念。

（3）汽车造型设计中的抽象形态是作为一种造型流程、方法而被提出的，是一种过程、手段，而不是最终目的。

（4）我们将汽车造型设计看作一个由感性到理性的过程，在初期创意发散阶段或造型前景设计阶段，设计师通过抽象形态方法有益于探讨造型的形式美、符号认知性、艺术美等感性、直觉方面的问题，而其技术美及功能美将随着方案的逐步深入而被越来越多的考虑。

（5）汽车造型设计中的抽象形态的几个特点是整体性、空间性、概括性、艺术性。

首先是整体性。依据格式塔完形心理学，单线给人的心理感觉和线条组合给人的心理感觉可能截然不同。汽车造型设计结果具有很强的整体性，造型元素会相互影响从而影响整体设计，因此仅对单条曲线进行研究并无意义。

其次是空间性。汽车是三维空间中的立体形态，不仅仅需要在特殊角度的二维平面视图中调整线形，更加需要从三维空间中的各个角度去观察和探讨。

再次是概括性。抽象形态阶段通常处于汽车造型设计的创意前期，此时的抽象形态是高度概括的，没有车灯、格栅等细节，也看不出车窗位置，甚至没有车轮。但是抽象形态却充分体现了车的比例、姿态、动势，以及曲面特征和造型语言。

最后是艺术性。汽车造型设计中的抽象形态同样具备艺术的特征，它是通过造型来提高其审美感染力的。而审美感染力既来自于直观，也来自于理性，不仅具有非具象性和直觉性的特点，而且体现了形式美的规律。

在汽车造型前景设计中强调抽象形态的意义在于：

（1）普适性。不同地域、不同语言的人们都可以通过该抽象形态感受到原始意象，并获得共鸣。

（2）深刻性。通过抽象过程能更好地把握造型的整体感觉和关键本质，保证设计理念、深层思想更准确地被传达，提高造型整体风格的可控性。

（3）耐看型。抽象形态古今皆通，从抽象形态推演出的造型能经得起时间的考验，更加耐看。

（4）高级感。对汽车的原始抽象形态进行更多推敲，可以获得更具高级感和设计感的最终设计。

3.3.2 抽象形态法在汽车造型创意设计中的具体流程、方法及应用案例

抽象形态推演的过程模型包括以下步骤：原始意象→抽象基形→亚形态→抽象形态→近车形态→车身形态→概念车型→量产车型。

汽车以造型语言作为一种符号系统，其意义远超出交通运输功能，在审美形式的背后隐藏着多种象征意义，如财富、地位、成就、个性等。前期的创意设计更多是围绕这些概念来展开，比如，未来人们的生活方式、生活场景，超前的科技，新型材料，新颖的功能。设计师要用1～3个关键词概括这些概念，可以是目标人群的某种潜在需求，也可以是目标人群基于未来生活方式、生活场景的需求，或是前瞻科技代表的某种社会需求，它们同时体现了品牌的定位。关键词最好是不体现造型特征的中性词，如关爱、个性、前卫、极限、气质、安全感、自我等。

在此基础上搜集能充分表现关键词感觉的图片，这些图片一

第3章 汽车造型创意设计的分析方法与设计方法

定与车无关,也最好不是产品,这样可以避免创意发散时思维受到限制。这些意象图片就是抽象形态推演中的原始意象,指具象的、客观存在的物体形态,反映物体的细节真实和典型性的本质真实,未经过提炼加工,包括有机和无机的自然形态,以及各类人造物,如奔跑的猎豹、紧绷的肌肉、涌起的水浪等。

例如,目前较为成功地运用抽象形态方法的案例当属马自达的"魂动"设计理念。魂动意为soul of motion,其主要思想是在形态上体现出一种蓄势待发的张力。这种形态转化的方法在2010年洛杉矶车展上以一个抽象形态雕塑和一款概念车的形式同时展出(见图3-4),在汽车设计界引起了强烈反响。

由于原始意象细节丰富,受不同色彩、材质以及所处环境的影响,存在大量干扰信息,所以要对该形态进行抽象。首先,根据关键词和意象板进行形态的逐步抽离,剥离色彩、材质、附件等无关因素,攫取意向图片中不同的元素特质,得到一组抽象基形。就以图3-4中马自达"魂动"的抽象基形来说,有的形态像海浪涌起时饱满而富有张力的曲面,有的形态更像水波的纹理,峰谷交错形成流畅而虚实相生的交线。在这一步骤中,结合品牌特点、定位及关键词探索抽象基形整体上的曲面特征和线条特征。然后对这组抽象基形进一步梳理,明确整体动势、各处特征和形体虚实,得到亚抽象形态。再对亚抽象形态进行整理提炼,进行比例、结构、线面的探讨,明确各特征的主次和相对关系,从中挑选出最符合该概念感觉以及品牌内涵,且比例、结构、线面关系最佳的核心抽象形态,即关键草图。

然后,尝试分析和概括关键草图好在哪里,是通过哪些造型特征或线条关系来体现出关键词的感觉的,将分析逐条列出,在之后的设计中尽可能保留这些特征。在保留抽象形态主要动势和特征的基础上,结合车型设计定位,对抽象形态的比例、轮廓等进行调整,使其大致接近车型外观,从而得到近车形态。

之后对近车形态进行进一步梳理,遵循已有的分析结果,为车身主要部件(如车轮、车窗等)确定大致位置,再次进行草图

图 3-4 马自达"魂动"设计理念与形态演进

第3章 汽车造型创意设计的分析方法与设计方法

及快速效果图的发散,得到车身形态——剥离了色彩、材质、车身附件等要素,但其余造型要素均完整而精确的车身"雕塑"。

最后,对各个造型点进行方案探讨,尝试对关键草图做出多种解释,形成3~4个方案,绘制效果图并进行方案评选。

抽象形态推演的关键在于:如何将抽象概念或词汇,用视觉形象或空间形态高保真地表现出来,即如何围绕关键词和关键草图所表现的概念,表达出同一种感受——就在于"步步整体,由模糊到清晰"。抽象形态的设计方法强调造型设计的整体型思维,要求从宏观层面着手,注重各个造型元素之间逻辑关系的构建,从而让整车造型更为协调。关注每一个步骤中形态的整体性、概括性,这样才能保证设计的可控性,保证设计的品质。

奔驰在2010—2015年也进行过一系列有机形态和抽象雕塑的探讨,如图3-5所示,为其未来的造型设计语言探索方向。雷克萨斯在2012年LF-LC概念车宣传片中也出现了以叶子为灵感来源的抽象形态,由此推演出雷克萨斯独特的设计语言,并在

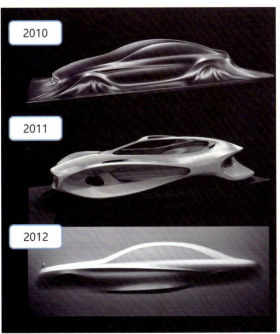

图3-5 奔驰对有机形态和抽象雕塑的探讨

之后的概念车中不断发展，逐步应用在量产车中。

总的来说，在概念草图阶段运用抽象形态的方法，可以帮助设计师跳出"车"的限制，避免创新受到束缚。汽车造型设计品质的好坏是由人的主观感受来决定的，主观感受包含的是对造型比例、线条、曲面、细节甚至色彩材质的综合感受，不可量化到某个具体线条的斜率及点的坐标。抽象形态方法可以看作用二维草图或三维模型来描述某种感觉（关键词所表达的感觉），用形态、线面组合的探讨来寻找这种感觉。由于人们对抽象形态的审美具有理性和感性的双重因素，导致抽象形态并不唯一，在设计实践中需要多加尝试，最后选取其中既不背离形式法则又贴近审美直觉的方案。

3.4 "线－型"分析法

"线－型"分析法就是通过分析造型关键线的形状、动态、空间趋势等来把握整车造型特征的方法，是一种基于抽象形态的从关键曲线着手的汽车设计分析方法。

构成汽车造型的表面可以看作由无数条曲线组合而成，而在这无数条曲线中，总有几条线是更为重要的，它们的形态与空间组合关系直接影响整车的最终造型，可谓汽车造型的骨架，是整车造型的核心精神所在。长期以来，人们一直非常重视对"点""线""面"等造型基本元素的定义与功能进行研究，相关论述亦如"汗牛充栋"。尤其是"线"在造型中的独特作用尤为明显——中国古代以来的艺术最讲究对线性韵律的把握，中国画也一直非常重视"线"的运用；而西方近现代以来的新艺术和设计浪潮更是对"抽象的线"给予了空前的关注。我们从"包豪斯"对舞蹈者动作线性抽象的例子中可以看到，抽象的线中所凝聚的造型整体的"动态""势""基本比例"等主要特征，如图3-6所示。

同理，通过对关键线的提取，可以帮助我们对汽车造型进行更为深刻的认识、理解和把握。可以看到，具有新颖独特造型的

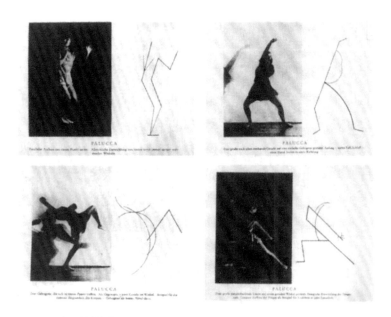

图 3-6 舞蹈的线条

车型在提炼、抽象成精炼的线条之后同样给人以新颖独特的视觉感受。这说明,"线－型"分析更关注造型本身的精神内核,是对客观原型造型核心的精炼,非但不会使原设计的风格和特点有所缺失,反而更加单纯化和强化了形态的核心语言。

例如,在图 3-7 所示的马自达 Senku 概念车的例子中,汽车造型"线－型"分析方法的核心思想是:通过提取汽车造型关键线,将具体车型的造型抽象化,研究线条的造型规律(节奏、长短、韵律等)和线条间的组合关系,从而对整车造型做出深入分析和客观评价。

这种方法可以让设计师在最短时间内就能够把握现有车型、竞争车型造型的风格特征和核心设计语言,判明最新的造型发展趋势,进而影响企业的产品设计甚至带动设计策略的调整。

"线－型"分析方法大致可以分为关键线判定、关键线提取、"线－型"比对和分析等三个基本步骤。

图 3-7 马自达 Senku 概念车的"线-型"

3.4.1 关键线判定

在复杂的整车造型中，造型线的数量几乎是无限的，但是要想找出造型特点和规律必须在其中分辨出最为重要的造型关键线。快速、准确地判定造型关键线无疑是对设计师能力的考验。根据既往的经验，可以整理出最为重要的几类——从整车造型宏观分析的角度考虑，最能够描述整车造型特点的关键线包括腰线、轮廓线、分形线、断面线。

1. 腰线

从侧视图上不难发现，几乎所有车厂的车型在窗线以下车轮罩上方存在一条清晰可见的棱线，这条曲线的走势直接代表这辆车的风格特征。在奔驰 CLS 车型上，这条线体现出整车的力量与速度感，如图 3-8 所示。

2. 轮廓线

即使不能看清汽车的标志、铭牌，人们在百米之外仍然可以识别出 Beetle 和 Hummer 或者 BMW Z4，这就是轮廓线所起到的作用。如同剪影一般，轮廓线是汽车上所有线条中最具代表性的

图 3-8 从奔驰 CLS 侧视图中提取的腰线

一条，因其直接决定着该车的尺寸和风格。圆润或是方正，尖锐或是柔和，这些信息均包含在侧面轮廓线中。

3. 分形线

分形线是指按照工艺加工要求所形成的车身覆盖件的分割线。例如前照灯、尾灯的轮廓线，车窗、车门、保险杠的分缝线。

4. 断面线

断面线是指利用理想平面剖分车体得到的边缘。对于宏观分析而言，多选择平行于 yz 面的平面作为截面，而在细节分析过程中可根据需要合理地选择截面的方向。

在一些局部、细节的造型分析中，一些重要的转折线，如两个面交接形成的棱线等也可作为局部造型的关键线处理。

3.4.2 关键线提取

在判断出关键线之后，就需要将其准确地提取出来以进行后续的研究。提取关键线要注意尽量保持原造型线的基本风格，准确把握线的粗细变化、动态、趋势、节奏、光顺程度等重要信息。请注意图 3-8 中我们提取的红色腰线并不是等宽的，而是由细到粗再由粗到细，变化微妙，动感十足，使之成为一条尖锐、流畅、充满张力的造型线，这和原设计中腰线的处理手法是一致的。如果造型关键线提取得不准确就会影响后面的深入分析工作，并最终影响分析结论的准确性、可信度，丧失指导意义，而使整个的设计分析流于形式。

3.4.3 "线－型"比对和分析

在提取关键线之后，具体的比对分析内容包括"线"分析、"线－线"关系分析和"线－面"关系分析。

1."线"分析

抽象绘画的先驱康定斯基认为："'线'是一个点在一种或多

种力量下的通道,依力量的迸发或矛盾,使其发生变化。""曲线是支配性的一部分,是受不断压力而弯曲的直线"……从汽车造型中提取出来的关键线恰恰能够显示出车型本身的特性和内在的张力,这些线条的走势往往带有鲜明的时代风格特征。例如,老款捷达的线条较为平直硬朗,而速腾则圆润动感,这些外在的直观感受正是缘于两者线条形状与走势的差异。线本身的韵律、动态、走势、节奏感因弯曲程度不同而显现出张力、弹性以及由线而发生性格与情感……关键线的每一个弯曲、每一处转折、每个造型细节都蕴含着整车造型中的关键信息。

2. "线-线"关系分析

通过各条抽象出来的曲线间距的比例可以对造型线条的疏密与节奏进行对比研究,得出线条的走势和相互间比例关系的发展规律。在图3-9的侧视图中,对比大众速腾与捷达腰线、窗线上缘与车底之间的比例,可以得出车窗相对于整车的面积在趋于减小、腰线的位置也相对提高的结论。

比例对于设计是十分重要的,但是,现代汽车造型设计中的一些大的比例关系往往并非由造型设计师主观决定。在总布置等条件约束之下,整车的基本比例也就相对固定了。例如,汽车侧面的轴距与轮胎直径的比是分辨车型级别与尺度的重要比例,紧凑级轿车(Economy)的轴距通常相当于两个半车轮直径,而全尺寸车型(FullSize)的轴距则相当于3个或更多的车轮直径,如图3-10所示。因此,一味地强调比例的精确数值关系而不考

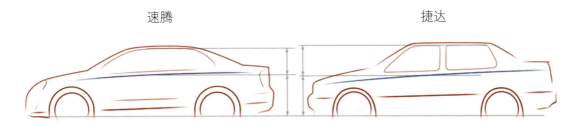

图3-9 大众速腾和捷达车型侧线对比

虑审美要求的多样性、差异性、模糊性、不稳定性以及时间性未免显得过于教条、僵化和脱离现实。

汽车造型的发展证明汽车的造型趋势在不同的时代、不同的人群、不同的地理位置等差异条件下，受人喜爱的比例也是在不断变化的。正所谓"环肥燕瘦"，通过某个特定比例算出的数字不能够解读比例的全部秘密。

市场需求决定了车型的基本尺度、空间布置，设计师必须充分尊重这些"硬点"，结合对最新造型趋势的理解和判断，有限度地对可变比例进行调整，这是可行的和现实的。例如缩短前后悬的长度、加大轴距和车轮尺寸、客舱向前移、增大客舱空间、增加总高度等。

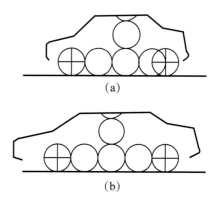

图 3-10　紧凑级轿车和全尺寸轿车示意图
（a）紧凑级轿车；（b）全尺寸轿车

上述对于整车侧面"线 – 线"关系的具体分析同样也适用于正视图角度的分析和判断。对于前脸的"线 – 线"分析可以通过对引擎盖、进风口、前照灯、风挡玻璃、轮罩等设计元素转折线及分形线的归纳概括，得到这些线条，从而对该车造型风格以及车型所属企业的家族化影响进行研究。

3. "线 – 面"关系分析

对于侧面线形的分析是基于二维的分析方法，而截面线分析则是基于三维的分析手段，它的优点是帮助设计师对所设计的车型或者竞争车型造型的形态有更加直观的立体化的认识。通过截面线，可以直接判断出曲面的凹凸和曲率的大小，其造型原理与数字化曲面模型的建立原理（如 NURBS 曲面建模）类似，可以帮助设计师更有效地控制和把握复杂曲面的形态变化。Chris Bangle 演示 BMW 新旧两代处理型面转折的方式（见图 1-12）就是通过截面线变化体现的。

保时捷一向给人以高贵、经典、运动的品牌形象，这一品牌形象通过其坚实、圆润、极富动感又不失古典风范的车身线条而表现得淋漓尽致。例如 Boxster 发动机罩截面曲线就与注重成功、富贵感的奔驰轿车截面曲线截然不同，如图 3-11 所示。截面线

第3章 汽车造型创意设计的分析方法与设计方法

图 3-11 保时捷 Boxster 与奔驰 CL600 截面线对比

的不同并无明显的好坏之分,但是却是奔驰和保时捷根据各自不同的历史与市场现状而选择了不同的消费人群、采用了不同的设计理念以及布置方案所得到的不同结果。

对于细节的分析,同样可以采用类似上文提到的截面线分析方法对同一车型的不同局部(如进风口、引擎盖棱线、轮罩、腰线)或者不同车型的同一局部进行对比分析,从而得出规律性的结论。

3.4.4 案例分析

为更加直观地阐述"线-型"分析方法,在此,以具有代表性的大众的设计为例,对上述提及的分析方法进行说明。

对从大众 Passat B6、Sagitar、Golf V 以及 Polo GP 的侧视图中所提取出来的轮廓线和腰线进行对比分析(见图 3-12),可以一目了然地发现一些规律:

(1)车身侧面的棱线数量较少,腰线线条形状较为平直,且多具备从头至尾的贯穿关系。

(2)棱线的结束基本上采用两端渐隐的手法,使视觉上较为强硬的棱线得以消失在饱满的形态中。

(3)水平方向的线条相互之间呈现向前汇聚的趋势。

(4)无论是三厢还是两厢,大众车系的车头都是饱满圆润的。

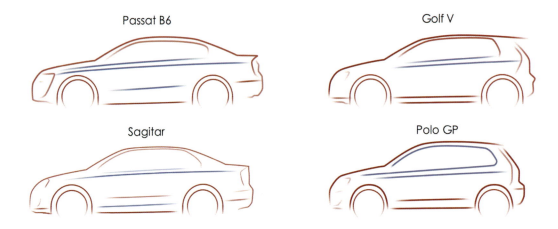

图 3-12　大众 Passat B6、Sagitar、Golf V、Polo GP 侧面线条对比

而后对大众的 Polo GP、Golf V 和 Passat B6 正视图提取线条的对比分析可以得到以下一些共同特点（见图 3-13）：

图 3-13　大众 Polo GP、Golf V、Passat B6 前脸和局部对比

第3章 汽车造型创意设计的分析方法与设计方法

（1）格栅边缘的棱线一直延伸至引擎盖上，形成半回转的U字形，同时下方进风口被此形态一分为三，中间的形状与中网的形状相呼应，二者通过大面积的镀铬件统一起来。

（2）车灯的形状以四边形为基础，内侧的线条顺承前脸U字曲线的趋势，上缘则呈现上翘的趋势。为打破灯形下缘较为平直而呆板的印象，大胆地采用与外侧圆形灯体相拼接得到的异形线条，使前照灯造型显得更加生动而富于活力。灯具的主体形状是并列双圆形的形式。

（3）可以看到轮眉与轮包交接呈现硬棱，该棱线与轮眉边缘形成等宽的一条面。光顺的车身表面与饱满的轮包球面有机结合，两者之间的相贯线通过反弧连接。因此轮包与车身的衔接部分显得整车的强壮、有力，富有肌肉感。

（4）发动机罩的顶面和前翼子板的侧面的衔接——两个大的造型表面之间全部采用圆滑的过渡方式，这是大众的重要造型特征。

在细节上，棱线从过去的两边正曲率发展到一边为正曲率一边为负曲率，这样的腰线由于一边相比原先显得更加锋利，依然保持着向两端渐隐的传统（见图3-14）。

图3-14 大众 Passat W8 和 Passat B6 侧面截面线对比

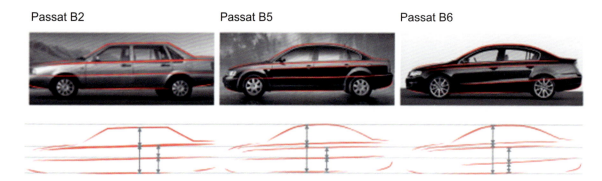

图 3-15 大众 Passat B2、B5、B6 主要线条比例关系对比

从线型比例的角度讲，我们通过对比大众不同年代的 Passat 轿车侧面造型曲线，将各条抽象出来的特征曲线（如驾驶室外轮廓、窗线下缘、腰线和裙线）进行归纳比较，可以发现这些线型之间并没有明确而固定的比例关系，相比之前的两款车型的侧面线条，Passat B6 的线型间隔关系更富于变化和节奏，动感也更强（见图 3-15）。

"线 – 型"设计分析方法是以满足总布置、人机工程、空气动力学等要求为前提的，相对于前面提到的现有设计分析方法，本文所介绍的"线 – 型"设计分析方法具有适应性广（几乎适用所有车型）、抽象表现能力强、充分尊重造型原貌、对后续设计具有指导意义等优点。"线 – 型"设计分析方法将感性的造型加以分析，形成一种科学、理性的分析方法，设计师据此所得到的具体结论可以作为后续造型设计阶段的指导原则，甚至可以帮助企业制定设计策略。

3.5 "线 – 型"的造型设计方法及设计草图的画法

在设计了意象板，并认真、系统地进行了设计分析之后，设计的重点还要在纸上进行。纸面上的工作还是需要从最基本的草图开始。起先的草图不必画得太深入，只要几条精彩的线条就好。这些线条凝聚了车的轮廓、重要转折、形态对称中心、分形等造型信息，是整车造型中最核心、最关键的"造型线"，这些线可以帮助我们迅速找到突破性的创新设计。下面就将利用前面所述的"线-型"分析的基本原理，将造型的线形提取的过程逆向进行，从线发展出完整的三维形态，实现"线-型"的造型设计流程。

第一步，大量绘制抽象的曲线组合，从而帮助我们在概念草图设计阶段发展出新的想法。由于这些最初的线条组合的构成非常简单，往往控制在 3～4 条线，所以每种组合均可以在几秒钟时间内迅速完成。利用一段时间（如 1 个小时），设计师可以爆炸式地绘出大量的曲线组合方式，效率极高。

此阶段要特别注意把握线条的方向、韵律、节奏、速度、强度、转折的丰富变化，更要关注线与线形成的线形组合的比例、呼应、整体与局部、稳定与动感等综合特性。这些线条通常代表重要的轮廓线、造型线和分缝线，绘制过程中多少也要考虑其运动趋势的可能性。

理论上讲，这些变化丰富的线条组合所能够产生的形态创新的可能性几乎接近无限，但是每个设计题目要求设计师完成设计的时间是有限的——设计人员必须在一定的时间节点之内选择最为精彩、适合的线条组合。这就要求在设计开始阶段，设计师要以爆炸式的速度，大量地绘制这种快速草图，每张草图都凝聚着设计师不同的创新理念。

第二步，在经历了几次的"爆炸式"草图发散以后，设计师以及其他设计相关人员可以针对这些方案展开讨论。在众多线形方案中优选最为合适、独特的组合。对精彩、优秀的概念加以整理、归类并进行筛选，之后设计师可以根据这些精选的可能方向展开讨论，进而归纳出适合继续深入的若干发展方向。之后，设计师将沿着几个主要方向继续集中精力进行方案探索，设计草图的信息量也在不断丰富。更多的设计细节出现在这些线条组合之间，设计师也必须对很多关键线条做出具体定义。经过一段时间的深入再发散，设计人员又要对设计方案进行重新审视和总结，否定不适合的可能性，确认最有前途的方向。在此阶段，设计人员将经历"发散、讨论→再发散、讨论→……"的循环,让设计师可以在不断的自我创新→否定→再创新→再否定的循环里找到最为精彩、独特的新概念。

　　设计师要经历这种反复的方案探讨的主要原因是由于人的想法在最初阶段往往有很多相似之处,这就是"思维懒惰"的惯性。"思维惯性"让人们最初的反应往往是那些已然存在的,比较通俗、普通的想法,而只有通过这种反复发散、排除才能够促使设计人员排除既有思维定势,逐步深入思考,找到独特的新概念。这个阶段的时间基本上在 15~30 天,而在课程中则至少需要为 2~3 周的时间。

　　第三步,利用前两步的深入成果,逐步明确设计的发展方向,同时也不断完善与深入线形组合的造型细节,与此同时整车造型的特征、基本形态线面关系、基本结构等重要造型信息也比较清晰。整个形态探索也初步实现了由"线"到"型"的转换。

　　设计发散阶段的初期依个人习惯不同,既可以从侧视图开始,也可以直接绘制透视图,这代表了两种设计方法与流程。以侧视图作为方案设计开始的方法是承袭前述"线－型"设计分析方法的原则。按照"线－型"设计分析方法的理论,几乎所有复杂的造型都可以用最精炼的造型线加以归纳,而所有的造型线经过主次区分、筛选,亦可以精炼为几条最传神的线条。在设计过程中需要反过来应用这个原理,先对几条抽象的线条的组合关系、位置、速度、动态、节奏、角度、韵律等元素进行深入研究,再在这些抽象线条的基础之上引申、发展出更具协调性的线条组合,最终发展为全新的汽车造型的概念设计。

　　最早对几条线的研究也可以称为"爆发式"的线条组合发散方案——快速发散出很多变化的创新组合关系——由于线条少,速度可以非常快,每种组合的绘制甚至在几秒钟内即可完成。选择适合发展的线形组合,尝试利用这些线条演化成全新的运动造型。主要的动态线条一般作为侧面最重要的腰线的基本态势,而其他的次要线条则分别代表前风窗的轮廓、车身侧面底部雕塑形态折线、局部后门线等。在这些线条得到还原、赋予意义之后,更多的合理的结构和设计会随着想象的不断具体而逐步深入,直至一辆崭新概念车的侧视草图的雏形呼之欲出。

在侧视图的形象不断深入、明确之后,设计师可以尝试对这个正侧视转换一下角度,比如逆时针旋转30°,将部分车头呈现在眼前。此时,整车侧面的面积仍然很大,但车辆前脸已有部分出现在纸面上,设计师此时可以根据侧面的风格特征,顺势对前脸做一些整合式设计,设计师在设计前脸时几乎无法孤立地考虑前脸造型,因为在30°透视角度会发现很多侧面的形态将会向前延伸并伸展到前脸最终成为前脸造型的重要组成部分。前脸与侧面不再是被割裂的两个相互独立的区域,而是同时存在于三维空间中的不可分割的整体。这种设计方法是把车身侧面的造型线作为最重要的整车造型发展骨架,设计人员依靠最具新意的造型骨架发展变化并完善全车的型面,设计主题得以完整保留,并被深化、强调,见图3-16中的草图实例。

当设计发散有所突破的时候,设计师应该抓住这些精彩概念,继续以较深入的草图、效果图更深入地表现设计思想。完成这些主要设计图后,应会同设计团队中的其他成员,如项目负责人、结构工程师、总布置工程师、数模设计师等对这些想法进行初步评审。初步评审中,各方面的专家都可对这些概念提出自己的看法和建议,最终大家可以优选出几个(6~10个)方案进入下一个阶段。

深入设计。确认几个主要设计方向之后,设计师要针对每个方向开展更为深入、细致的设计工作。在规模较大的设计团队中,每位设计师不必在所有方向上都开展新一轮设计,设计人员通过分工可以分别负责不同的设计方向,随着设计工作的不断深入,设计工作的工作量也在不断增加,设计团队的协作对于设计深入工作的顺利进行越发重要起来。

深入设计中需要逐步确认的细节非常多,但通常还是按照"由大到小""由主到次""由简到繁""由整体到局部细节"的顺序逐层、

图 3-16 依据"线－型"设计方法的设计草图实例

逐步深入。

简言之,"线-型"分析与创意设计方法就是先进行系统的、科学的由"型"至"线"的造型分析,到由"线"至"型"进行形态推敲,进而得到全新的、完整的造型设计方案。也就是说,利用"线-型"的构成原理,"线-型"分析方法反过来又成了一种非常高效的创意设计方法,从而完成了由"造型-线"到"线-造型"的"分析-设计"过程。经过笔者大量的设计实践与教学检验,这是一种颇具现实意义的、高效的分析与设计方法。

吴冠中先生曾经说过:"高明的科学家和艺术家都不应是一个匠人,而是一个去发现自然的美,一个去再现自然的美。""线-型"分析与"线-型"设计方法不正是"一个去发现造型的美,一个去创造造型的美"吗!

3.6 汽车造型创意设计中的形态处理原则

1. 比例

在汽车造型设计中比例非常重要,汽车造型中的比例是指汽车各部分造型的大小、长短、高低、宽窄与整体造型的比例关系。合适的比例会产生协调效果或具有戏剧化冲突与对比的效果,因而也就会令观者产生美感上的共鸣。当然,不合适的比例容易造成视觉上的问题,设计师必须经过很多的练习,逐步理解、掌握各种比例的特点,并能够敏锐地觉察出微小的比例变化。

目前有很多关于比例的理论都倾向于寻找其中的数理关系,最著名的是套用黄金分割来衡量比例是否合适,造成似乎凡是符合"黄金比"的就为美,不符合的就不美,这种思维本身是很成问题的。首先第一个问题是,这世界上谁有资格代表全人类判定凡是黄金分割的比例就一定是最美的呢?第二,凡是生活中找到的"美"的形象,人们在取其数据的时候往往不能够正好取到整数尺寸,存在误差。研究人员不自觉地将读取数据往适合"黄金分割"的数据上靠,差不多靠上了就言称符合"黄金比",就是美；如实在靠不上，就更换分子或分母；若仍然靠不上就"顾左右而言他"。总之，这些生拉硬拽地要把视觉比例往数字比值上靠的理论、研究方法都难免在其研究开始之前已经先入为主了。理论上讲，要想在生活中找到任何特定的比例数值几乎都是可能的。第三，也是最为重要的问题，这种数字关系对设计师而言完全不具备可操作性。优秀的造型设计不是通过比例公式计算出来的，而是需要结合设计师多年积累的设计经验、科学有效的设计方法、创意的灵感闪现、对最新趋势的前瞻性判断以及对于形态的敏锐把握等多重因素来进行设计创作。应该说，对于比例的理解是一个比较主观、感性的问题，每个人都应该有自己独到的对于比例的判断和嗜好。而在不同的历史时期，人们对于比例的喜好和偏爱也不尽相同，这说明人们对于比例的认识又是动态、变化着的。只有那些不能够或不愿意依靠自己的感受对比例作出判断的人才会无助地寻求数字的帮助，试图以数学的解释替代精神之于美的探寻。

事实上，数学与美学、科学与艺术不能够也不应该仅在如此浅薄的层面上去寻求所谓的"结合"！

2. 整体与局部

汽车的尺度是大于人的体量的。人在不同距离和角度观察汽车往往会关注不同的层次和侧重点。一般较远距离观察时会更加注意整体，而近距离观察则更关注局部。这种特性就决定了汽车的造型设计不论从整体还是在局部进行观察时都要能够经得起推敲，而设计师也要对局部和整体的造型进行深思熟虑的研讨。同时，整体与局部的协调关系也成为不可回避的问题。

基本上，设计师还是要尽可能首先保证整车造型的完整、协调，调整整车的比例，突出整体的动感。整车造型的完整性保证了人们对该形态整体造型信息的综合评价与判断，同时这也是能够给观者带来更大和更快视觉冲击的最重要的手段——人们在看到她的第一眼时，可能已经产生了喜爱的冲动，而此时可能还没有来得及看细节。

当然，局部造型细节的处理也同样重要。人们对此车造型的更为丰富的联想、更多的激情会从各个不同的细节造型中被不断激发出来。而且，如前所述，精致独到的细节处理也是人们感受汽车质感的重要依据。一方面，局部的造型首先要满足整车造型的需要，不能够破坏整车造型的完整性；同时，局部造型的处理也要有自己的特点和个性，一些微妙的变化和精致的细节处理都会令整车造型更加丰富、更加添彩，也使得整车具备了供人们从大到小、由远及近多层次、多方位观察、欣赏的丰富造型要素。

3. 对称与均衡

对称在视觉上令人产生严肃、严谨、庄重的感觉，对于汽车而言，其左右对称的造型基本上适用于全部车型。尤其从车辆的正前方与正后方观察，绝大部分的汽车的前脸和尾部造型都是左右对称的，这是一种镜像对称，镜像面就是整车长度方向的中心轮廓线（也叫Y0线）所在平面。

汽车前脸的对称实际上与人脸、动物头部的对称特征是一致的，这种对称保证了汽车形态在某个维度上的稳定，典型的前脸也因此具备了两侧的两个大灯、中间的标志和进风口格栅，继而使观者对之产生各种视觉上的联想，形成了类似人的面部表情。因此，前脸与尾部的基本对称对于形成汽车的表情、个性非常重要。

也正因为绝大部分汽车的设计倾向于左右对称，一些独创性的设计就以此为出发点尽可能突破已有的对称规律，希望以一些局部的不对称打破标准的对称格局。当然，这种不对称又不能处理得太过，即使不是形象的完全对称也要基本保持造型语言的协调。这种非对称的处理也可以称为均衡处理。

4. 动感与稳定

作为典型交通工具的汽车，很多时候都处于快速运动的状态之中，即使当其静止地停在路边，人们也希望能够感受到它的运动感和它的力量。在汽车的造型语言中，这种动感往往成为非常必要的语言，而要实现这种动感则主要依靠整车造型趋势的调整，比如前低后高的向前倾斜的运动趋势，同时还要依靠重要的运动感很强的造型线的强调。

同时，作为成熟的商品，汽车的造型语言又不能仅仅满足动感的要求而完全不顾及稳定感的支撑作用。能够产生视觉稳定感的处理手法主要是让重心尽可能位于几个车轮之间，同时尽可能降低车高。

稳定感与动感互为补充、互相需要，不同的设计根据不同的情况而选择不同的动感与稳定感的搭配，比如市场定位就会影响整车更偏向运动还是稳定，成功处理的关键是要找到两者的最佳结合点。

5. 节奏与韵律

在音乐作品中我们很容易理解节奏的存在，而在造型设计的视觉要求中，节奏也是非常关键的一个元素。视觉中的节奏指的是视觉元素的规律性变化。在汽车造型中节奏感是非常重要的特质。在很多线与面的处理中，节奏的变化影响着整体形态的感觉，同样地，在材质变化、高光以及某些造型特征细节的处理上都需要把握好节奏。

与节奏紧密相关的另一个常用的词是韵律。尤其在处理线条的变化时，必须学会精确体会线的韵律，把握各种变化中最为动人的韵律，并以此打动观者。

6. 重复与变化

在汽车造型中很多重要的造型语言往往作为核心造型单元多次重复出现，从而不断强化、突出造型的整体性特征和鲜明的个性。例如，"跑道形"就曾经被很多内饰造型设计师反复使用。在具体的操作中，一方面可以不断重复"跑道形"，另一方面还可以将"跑道形"加以分解，将其拆分为直线与半圆，再以此作为重要设计元素多次运用，在整个室内设计中形成了非常完整、统一、强烈的造型风格。在这样的设计中几乎找不到任何与整个造型"主题"相矛盾的不协调因素，因此整体性非常强。所有统一的元素相互支撑形成更为巨大的视觉合力，强烈而单纯地突出了自己的造型特征。这种重复的处理方法，已被越来越多地应用在实际的设计案例中。

当然如果不分对象、场合地盲目运用这种重复的手法，或者重复手法运用不当，会令人对该设计产生呆板、滞重、缺乏变化的感觉。所以适度的变化是打破高度统一、高度一致的重要手段，也是消解人们视觉疲劳的必然需要。即使在统一的设计语言中也可以通过尺寸、角度、分解组合等不同层次的丰富变化形成视觉上的节奏与韵律，形成统一中有变化，稳定中有跃动的视觉形象。

7. 协调与对比

在处理实际的造型设计中，很多时候设计师都要把握各个部分之间的视觉协调关系。这种协调关系决定了汽车造型的整体性和完整性。在现实生活中，我们偶尔可以听到人们对某些汽车诸如前脸像"大奔"、屁股像"QQ"之类的评价，形成这种印象的一个重要原因就是设计人员在设计过程中更多地关注每个造型局部的形态处理而忽略了(或缺乏能力把握)整车各部分的协调关系。

当然，凡事没有绝对。有些时候，如果整车的造型太过协调也会让人觉得缺乏变化、少了惊喜。设计人员有控制性地在某些局部适当地做一些夸张、强调、分色的变化，让某些局部的造型特征与整体的大面积特征形成对比关系，从而形成一种戏剧性的效果。这些对比变化的戏剧性效果往往容易成为整车造型中的点睛之笔。专业的设计师应该具备更高的能力，可以自如地控制各个造型部分的相互关系，把握整体的节奏与韵律，在适当部分推出最抢眼的"对比"，就如一位高超娴熟的导演在调动这些演员经过逐层的铺垫而逐步走向戏剧性冲突的高潮。这个过程本身也是非常重要的一种节奏感的把握。

具体的对比在操作中可以有很多层面。比如，形态关系的对比——如果主体形态以长而柔顺的线为主，则局部需要出现短而硬朗的线条作为支撑和回应；如果主体线形的走势趋向某一个方向（俗话说就是太"一顺儿"了），那么局部反向的设计语言也同样具有非常强的支撑与对比作用。

再者是材质与色彩的对比。如果整体以低纯度、高亮度的金属色为主，那么局部出现高纯度、中等亮度、小面积的彩色半透明发光线条，就在整车的造型语言中形成戏剧化的对比，这种对比牵涉色相对比、纯度对比、亮度对比、材质透明度与反光度的对比、材质质感的对比、面积对比等方面。这样的对比处理对于提升整车造型的吸引力而言无疑可以作为"点睛之笔"。

8. 呼应

汽车造型中所谓的呼应，就是在两个或两个以上的造型局部之间建立某种联系，使其能够让观者对其产生自然的联想，认为其从属于同一个整体或将之理解为一体式设计。

这种呼应的手法对于距离相对较远的造型局部尤其重要。很多时候，这种呼应是通过简单的形状呼应、色彩呼应、材质呼应、动态呼应而实现的。

第 4 章　汽车造型创意设计的层次及发展趋势

4.1　汽车造型创意设计的三个层次

汽车造型设计基于不同的尺度范围基本可分为三个层次：
（1）宏观，整车外形轮廓线和整体造型走势的设计。
（2）中观，汽车车身几大部分内部的造型处理。
（3）细观，车身各个局部的细节设计。

第一个宏观层次决定了车型分类和整体的设计方向；第二个中观层次决定了每个部分的基本造型感觉；第三个细观层次是落实与具体化整车和各部分造型设计的重要载体，对细节的成功处理也使得前两个层次的实现成为可能。

在汽车造型创意设计的基本过程中，初期的大致概念和基本想法一般都始于对整车宏观造型感觉的设想。正如前面的"线－型"设计方法，首先从简要的几条线的关系入手，而且最初的设计草图也大都用线简单、精炼，这个阶段其实并没有对诸多细节进行详尽的设计，很多部分因为快速的草图表现而被留白忽略，从而留给观者以及设计者本人很大的想象空间，并使其存在着更多的可能性。这也是草图为什么往往更吸引人的原因所在。

在宏观上考虑、推敲形态，主要就是研究整体的轮廓、比例与姿态，很多时候还可以尝试利用"混合概念车"的设计理念，注意在整车轮廓中体现不同车型的特征的融合与再生，以找到更符合最新市场需求的创新概念。

汽车造型创意设计

当创意设计进入中观层次，意味着在宏观层次上已经基本能够确定一个或几个大的概念了，造型设计的大方向也基本找到了。中观设计主要解决这款新设计"会长成什么样子"的问题。

对于一辆典型的乘用车，我们基本上按照视觉习惯将其大致分为前脸、侧面和尾部几个部分，侧面由于影响到整车车型、整车概念、体量和姿态而在第一层次进行重点考虑，而前脸和尾部作为整车造型中比较重要的两个局部区域必须经过更为深入的探讨。当然，在最初的宏观设计时，前脸的一些形态可能已经有所考虑，但由于该阶段主要关注的是整体的宏观问题，所以对于前脸的局部处理往往并不深入，因此，必须在中观层次进行更为完整、深入的探讨。

中观层次的工作必须考虑到要符合整车宏观形态的风格特征，要尽可能地寻找最能突出整车造型风格的局部处理方案。中观设计的内容较宏观层次更为丰富，仍以前脸设计为例，首先需要解决的是前脸各部分造型单元（包括大灯、水箱散热器进风口格栅、下进风口、雾灯等）的大小、形状、位置的问题，并需要重点关注各造型单元之间的比例、呼应和组合关系。此阶段并不要求对每个造型单元内部做过多的细节考虑，这些细节的设计将留在下一个阶段来完成。

对细观层面的设计工作的要求其实是更为精细、严谨的，也更加考验设计师的经验与功力。如前所述，不论多么前卫、新奇的整车造型概念，也不论多么新颖、好看的局部处理都还属于设计中的前期工作，试想如果没有对每个细节的深思熟虑的推敲，失去了精致的、完整的细节设计呈现，或者欠缺了雕塑感、体积感和质感，再好的整体概念、再精彩的线条搭配也都会因为缺乏精彩、有效的实现载体而成为空中楼阁。很多学生作业就是因为缺乏对细节设计的把握和推敲而永远止步于创意设计的初级阶段。

细观层次的设计工作更关注每个设计单元内部的具体细节的处理，尽可能地将视力所及的细节都推敲处理到位。仍以前脸为例，到细节设计阶段，前脸的大样子基本已经有了思路，设计师必须对更为琐碎的细节开展精致、深入的设计工作——也许前大灯的形状、位置已经基本确认,但是大灯内部的基本形态、材质处理等细节在细观层面上需要进行更为深入的推演、揣摩;当然,在大灯之外还有进风口格栅的内部纹理与材质、标志及其周围的呼应形面的处理,下风口的内部纹理及其周边细小的型面起伏……整车的所有表面几乎都需要对细节形态进行一丝不苟的思考和处理。

了解了宏观、中观、细观三个设计层次的不同特点,我们必须清楚设计师应该尊重每个层次下的设计规律,遵循"每个层次下专注于该层次工作"的原则,切忌在宏观的线条阶段就一竿子支到车灯内部的设计中去。汽车创意设计作为产品开发流程的一个重要组成部分要求其必须要有一定的效率,需要追求在一定时间段中找到尽可能多的创意。因此,创意设计必须是一个科学、有效、有层次的设计流程,设计师也必须遵循一定的规律,而不能按照自己的好恶随意挥洒,"画到哪儿算哪儿"顶多只能称为艺术行为,而不能作为一位专业设计师的设计方法。

4.2 造型创意设计宏观层面发展趋势

从总的造型趋势的发展来看,汽车造型设计正向着更加多样化、更具个性也更突出个性的方向发展。"运动感"成为新趋势中比较重要的发展方向,而具体以何种形式体现和阐释这种"运动感"就"仁者见仁,智者见智"了,每个品牌都会也都必须找到符合自身气质和性格的"动感"造型。同时,汽车设计中的"高情感因素"也日益重要,设计师要尽可能地在汽车造型中(尤其在内饰设计中)突出情感因素,那种与人"格格不入"的钢铁盒子的形象已经不再符合今日消费者的需求。

4.2.1 整车姿态

在整体姿态方面,整车具有前冲的趋势,视觉上具有"车头低，车尾高，底盘尾部上翘"的特点，如图 4-1 所示。也有少数概念车采用复古的前高后底姿态，比如 Mercedes Benz Vision Maybach 6 Concept。

BMW 3 Series 2016

Audi Q5 2013

BMW M6 Coupe 2015

图 4-1　整车姿态与肩线动势

4.2.2 典型车身比例

在车身比例方面,以轿车为例,三厢轿车后悬一般比前悬长,两厢轿车则相反。为了增强运动感,有些两厢车也会将后悬变长,如图 4-2 所示。车顶占整个车高的比例与以前相比更小。侧风窗变得更加扁平,在长度方向上更加舒展。

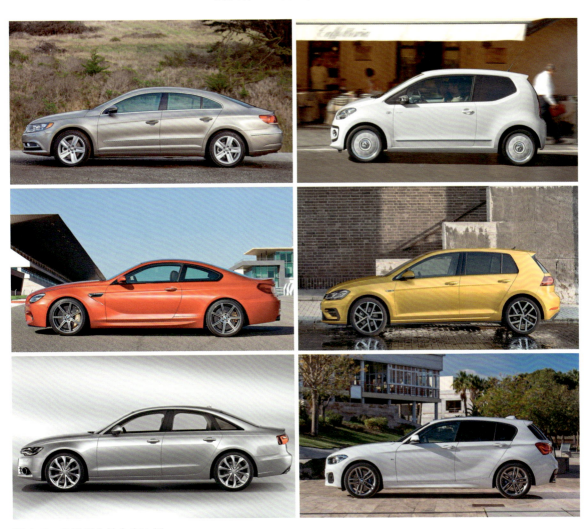

图 4-2 典型轿车的车身比例

图 4-3　大众电动智能概念车与现有汽油车的造型对比

4.2.3　电动智能化趋势

最近几年，汽车"电动化、智能化、网联化、共享化"的趋势深刻地影响着整个汽车产业。而如何通过造型体现出电动和智能就显得非常重要，为此，各大主机厂推出的概念车也层出不穷。

以大众为例，大众近年来推出了 ID 系列的电动智能概念车，无论是总布置还是造型手法都与以往的汽油车有明显的区分度，如图 4-3 所示。

4.3　造型创意设计中观层面发展趋势

车身上中观层面的创意设计能有效地提升品牌的辨识度。进入 21 世纪以来，汽车造型设计的发展越发多元化，呈现出"百家争鸣"的态势，各大主机厂都不遗余力地探索属于自己品牌的设计语言，直到现在从未间断。其中部分品牌"进化"的路线相对有迹可循，比如奔驰、宝马和奥迪等品牌；也有一部分品牌路线相对激进，比较典型的有马自达、雷克萨斯和雪铁龙等品牌。这些品牌对于车身上中观层面的处理都下足了工夫，以期能形成品牌辨识度，并进一步形成产品竞争力。对于设计师而言，要让自己的作品在中观层面的处理手法上脱颖而出，是一项挑战性和趣味性并存的任务。

4.3.1 特征线处理

相比以往两个简单曲面相接形成一条折线,特征线的处理更加丰富多变。比如上一代奥迪部分车型车身侧面的"暴风线"——整条肩线贯穿车身侧面,在前后尾灯处渐消。这条暴风线富有张力并营造出强烈的速度感,两端的渐消处理使其与车身柔和过渡,造型更加流畅,如图4-4所示。

在其他品牌的车身上,这条线的处理都不尽相同,比如在奔驰、宝马车身上,肩线的处理手法具有很强的雕塑感和体量感,感性饱满;在日产和英菲尼迪的车身上,肩线的处理又是另一种

图4-4 车身侧面的"暴风线"特征

感觉；而在保时捷的车身上，这条肩线却"消失"了。

4.3.2 形面关系

图 4-5 所示为三代宝马 7 系车身侧面曲面造型的演变，可以看出其设计越来越强调侧面曲面高光的延续性，不仅仅是门板大面上的连贯，而且绕过轮子到前后翼子板，整个侧面的形面和高光有很好的延续性，能带给人很强的品质感，观者甚至可以想象出当这样一辆高级轿车在大街上从自己身旁呼啸而过时，车身上光影流动的画面。

制造技术与加工工艺的进步使得车身曲面的呈现有更多的可能性，设计师的很多想法能更好地实现，这使得车身曲面变化变得极为丰富。从车身断面也可以看出，断面线呈弧形，与腰线、

BMW Series 2002

BMW 7-Series 2009

BMW 7-Series 2016

图 4-5 三代宝马 7 系车身侧面曲面造型的演变

第 4 章　汽车造型创意设计的层次及发展趋势

肩线融合，多次转折，如图 4-6 所示。

车身上反复利用正弧与反弧，形成典型的 S 面，使车身富于变化，增加车辆动感，如图 4-7 所示。

除了这种大 S 面的侧面造型创意，一些品牌在形面处理上另辟蹊径。比如马自达推出的"魂动"理念，其中对形面光影的探讨以及设计手法极具新意，如图 4-8 所示。

图 4-6　变化丰富的车身截面线

图 4-7　车身侧面的典型处理——S 面

图 4-8　Mazda Vision Coupe Concept 2017

4.3.3　反向设计

所谓反向设计就是和以往惯用的一些设计手法反向进行。比如之前强调肩线的视觉冲击力,而反向设计会选择将肩部处理得更干净,转而在之前用比较简单的裙边做较多的雕塑形态和变化,如图 4-9 所示。再比如,之前的轮眉型面平整,而反向设计会选择在轮眉处作出变化丰富、吸人眼球的型面,如图 4-10 所示。

图 4-9　奥迪车身侧面肩部与裙边的反向设计

第 4 章　汽车造型创意设计的层次及发展趋势

图 4-10　沃尔沃 XC90 轮眉处的反向设计

4.4　造型创意设计细观层面发展趋势

4.4.1　灯具设计

汽车照明系统不仅是整车安全系统的重要组成部分，又是车身造型的有机构成元素，在工程研发和造型设计过程中都有举足轻重的地位。同时，随着品牌战略的思想日益深化，汽车厂商纷纷通过灯具造型来凸显品牌设计特征，也逐步使灯具成为构成品牌形象的核心元素。汽车照明灯具主要包括外部灯具和内饰灯具两大部分。其中，外部灯具主要用于实现一系列相关的照明、示位、指示等功能，而内饰灯具则用于信息显示、报警提示以及一些辅助功能。

新技术和造型方法的融入使汽车灯组结构日益复杂，以外部前照灯组为例，其中不仅有近光灯（low beam）、远光灯（high beam）、转向灯（indicator）、雾灯（fog light）、日间行车灯（daytime running light，DRL）等照明组件，还包括实现其功能所必需的传感器、电控单元、散热系统和结构支撑部件。

灯具造型是整车造型设计中将形态与功能结合最为紧密的环

节之一。除了形态美观以外，灯具设计还要考虑结构布置、散热性以及外表面空气动力学特性等方面的要求，并满足一系列相关的标准法规。这些限制都为灯具设计师和工程师提出了更高的要求和挑战。

1. 固态照明技术概况及其对灯具造型设计的影响

目前，LED 技术已广泛应用于量产车灯具之中，在未来，它将取代现有的卤素灯和氙气灯，成为汽车照明的核心力量。性能上，LED 具有能量转化率高、响应速度快、能耗低、寿命长等优点。随着相关技术的日趋成熟，其亮度低、散热差、成本高等问题也逐步得到解决。从造型层面看，LED 单元体积小、布置自由的特性极大提升了灯具造型设计的自由度，并可组成线条或形状，有效提高了造型的辨识度。

LED 对于造型自由度的提升极大满足了灯具形态多样化的要求，它进一步强化了汽车灯具的形态价值，对传统灯具造型产生了革命性的影响。在外部照明灯具中，LED 使 DRL 这一概念逐渐得到普及。DRL 在安全上起到示宽的作用，它注重低能耗，对亮度要求不高，因此造型上的硬性要求少，这与 LED 的造型优势相结合，让 DRL 成为灯具造型中的闪光点，如图 4-11（a）所示。

光纤技术让 DRL 的能耗进一步下降，同时造型语言更为丰富，呈现出流畅的均质条状光带。随着 LED 成本的降低，DRL 在未来有着极大的设计空间。而在内饰设计中，LED 也相应孕育了环境氛围灯（interior ambient light，IAL）这一概念。通过嵌入 LED 光源和条状光带，IAL 不仅强化了内饰设计的形态特征，同时也可以塑造出符合车型定位的环境气氛。IAL 目前已经逐渐成为现今车辆的标准配置，如图 4-11（b）所示。

在此基础上，大功率 LED 的发展让 LED 的应用范围扩展到照明灯具。全 LED 的前照灯组已在 2008 年量产。在照明灯具中，LED 需搭配相应的配光元件以达到亮度要求。与卤素灯和氙气灯

第 4 章 汽车造型创意设计的层次及发展趋势

(a)

(b)

图 4-11 由 LED 普及开来的日间行车灯和环境氛围灯
(a) 日间行车灯；(b) 环境氛围灯

相比，LED 灯具配光部件的造型更为自由，这不仅让多样化的灯组外形和安装位置成为可能，还减少了对灯组内部空间布置的要求。

通过 LED 阵列实现智能照明是提升照明安全性的一大发展方向。智能照明即通过一系列传感器采集道路和驾驶员意图信息，然后分析出优化的照明策略反馈给灯组，以达到提升照明效果和防眩光的目的。2013 年推出的奥迪 A8 轿车首次配备了阵列 LED 灯组，其远光灯由 5 组 25 个 LED 单元构成，每组可独立点亮，由此按需提供精准照明。这种矩阵式灯组不需要额外机械部件，单元独立控制亦可降低能耗。此外，灯组单元化的造型也强化了奥迪科技感的品牌形象。

在未来，对高精度照明的需求将把分辨率这一概念引入灯具之中。奔驰已经推出了具有 24 个独立控制 LED 单元的 Multi-beam 灯组，并表示装备 84 个单元的灯组已接近量产，如图 4-12 所示。奔驰还与欧司朗、英飞凌等厂商合作研发分辨率达 1024 像素的 LED 芯片。如此高的分辨率不仅可以精确分配光照，更可以投射出图形或文字信息，为灯具功能的拓展奠定了基础。在提升照明安全的同时，该技术的应用也会对灯组的外观造型产生深远的影响。

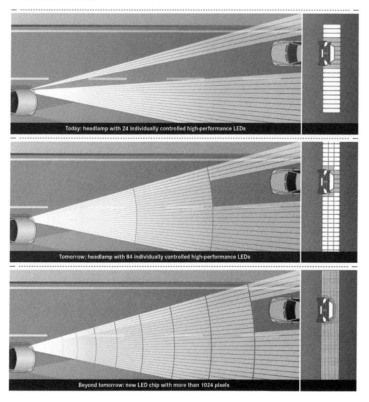

图 4-12 奔驰高分辨率 LED 单元的精准配光

LED 的另一发展前沿是动态显示技术。初级的动态显示已在转向灯具上得到应用,即通过对 LED 单元的有序控制,转向灯实现相应的动态效果,从而清晰指明转向方向,提升交通安全性,如图 4-13 所示。未来,结合动态显示的高分辨率 LED 会使灯具的语义信息得到极大拓展。随着对情感化设计重视程度的加深,信号灯具还将被赋予强大的信息显示能力,这不仅为提升驾乘安全提供了可能,还能满足使用者来自沟通、社交层面的软性需求,这一技术已在诸多新能源概念车中得到体现。

第 4 章　汽车造型创意设计的层次及发展趋势

图 4-13　Audi A7 Sportback 2018 前照灯 LED 灯组动态显示

同时，动态显示在造型层面也有着巨大潜力。目前的汽车造型设计基本是对静止形态的探讨，而动态显示则将动态元素引入造型中，在设计理论层面具有革命性的意义。在新能源车造型设计中，通过对灯光效果的设计探讨，亦可有效突破现有造型语言的束缚，进而开辟全新的设计维度，强化新能源车型的独特身份，并满足未来对于智能化交通、交互化设计的切实需求，如图 4-14 所示。设计实践表明，动态元素具有静态层面所达不到的视觉效果，让整车造型设计具有更强的生命力。

以上的动态显示是通过控制 LED 灯组不同单元来实现的，另一种形式的动态显示则是通过使灯具结构本身有物理运动来实现的。比如，DS 7 Crossback 这款车的前照灯中三个灯体单元可以绕着竖直方向的轴作旋转运动（见图 4-15），灯体的不同面会呈现出不一样的结构和造型，转动的过程使得汽车本身有了更丰富的拟人化的情感，在行驶过程中也能形成不同的照明模式。相比

图 4-14　动态显示具备的信息显示能力

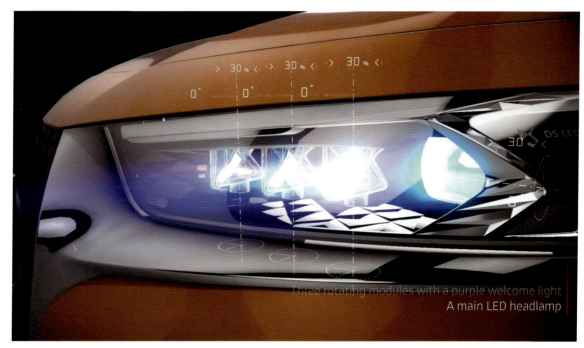

图 4-15 DS 7 Crossback 前照灯旋转动态示意

于之前介绍的动态显示的功能性表达，DS 的动态显示更强调情感化因素，同时彰显出时尚感与豪华感。

  OLED 是以有机半导体薄膜为电致发光层的 LED。在最基本的 OLED 结构中，一层有机半导体薄膜夹在两个电极之间，共同放置在一个基质上。而目前的一些设计则通过增多薄膜层数来提高效率，整个结构的厚度一般为 1 mm 左右。在外加电场作用下，有机半导体薄膜释放出光子，从而让整个表面发光。

  因此，OLED 是一种均匀的面光源，无须背光，由于发光面均匀，光线接近自然光谱，对人眼的伤害相对较小。此外，OLED 的散热性能较好，无须额外的散热装置，因而结构比 LED 更为轻巧简单。

  OLED 的基质可为柔性或透明材料，使其具有断电无色和形态可变的特点。作为一种高效环保的新型光源，OLED 光线柔和自然的特点使它在各种数字显示屏和室内照明中得到广泛应用，同时也被应用到汽车内饰中，装备 OLED 显示屏的车载多媒体系统已经逐步取代传统的 LCD 屏幕，成为未来发展的主流。但 OLED 目前还面临着成本高、寿命短、色差大、发光密度低等问题。因此，现今对 OLED 作为照明灯具的实践还处于概念研发和生产验证阶段，距离真正产业化尚需时日。

从造型层面上看，OLED 的特性消除了诸多工程上的束缚，使全新的形态成为可能，使灯具造型设计空间继 LED 之后又得到进一步的拓展。采用柔性基质的 OLED 可以实现任何平面乃至三维空间造型，十分有助于塑造独特的品牌特征。通过与抽象形态设计方法相结合，灯具的造型语言、安装位置和照明效果将更为灵活多变，同时与整车的形态特征更为契合。因此，OLED 在造型上的巨大表现力，结合其低能耗、轻量化等诸多性能优势，使它在未来新能源车的灯具形态设计领域有着广阔的用武之地。

此外，对于上述动态显示技术，OLED 也提供了一种更为有效的实现方法。OLED 灯具不仅可以被分割成多个形状随意且独立控制的面状单元，还可以通过控制电场来连续调节亮度。丰田早在 2012 年推出的 Fun-VII 概念车中便采用了基于柔性 OLED 的动态显示技术作为情感化设计的体现，但这一概念设计并不具备照明灯具的功能。奥迪在 2013 年的 CES 展会上推出了应用外部 OLED 灯具的概念模型，并提出了名为 swarm 的动态显示概念，该概念将车尾变成了一个高分辨率的显示屏幕，根据车辆的行驶状态改变灯具显示效果，以提示其他交通参与者。而 OLED 柔性材料的特点也将使它在内饰设计中大显身手。在日产 2015 年推出的 Teatro for Dayz 概念车（见图 4-16）中，内饰座椅面板和控制面板均由柔性的 OLED 材料制成，用户可以根据自己的喜好定制自己的内饰主题，并通过网络资源，使用户有机融入内饰风格的设计之中，展现出全新的设计思路。由此可见，OLED 面光源的特性使它有着比 LED 更简单的结构和更自由的亮度调节，为实现更理想的动态显示效果提供了优化的技术支持。

目前，一些中高端汽车厂商已经明确了在量产车型上配备 OLED 照明的阶段性目标。现有的 OLED 照明用于示位和指示灯具，

图 4-16　应用 OLED 内饰照明的 Teatro for Dayz 概念车

并逐步向制动灯具上拓展。宝马在近年来推出的多款概念车的尾灯组中均广泛应用了 OLED 照明，并在最近推出了第一款量产车型。其尾灯造型设计（见图 4-17）融合了抽象形态的设计方法，多个片层状 OLED 单元在三维中构成的 L 形，结合顺序点亮的动态显示效果，给人以前所未有的层次感体验。奥迪也在 2015 年基于其矩阵灯具的概念推出了装备 OLED 行车灯的 E-tron 概念车型，并通过单元化的造型特征彰显其新能源车的特质。而在内饰方面，日产这些实践都表明车用 OLED 技术正逐步向产业化道路迈进。

固态照明技术的发展普及不仅源于其性能上的诸多优势，更

 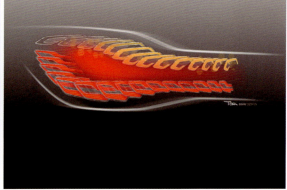

图 4-17　宝马应用 OLED 技术的尾灯造型

源于现今对于多元化造型语言的高度需求。固态照明技术在灯具造型设计上广阔的应用范围和突出的形态优势赋予其未来巨大的应用价值。根据上文的分析总结，表 4-1 对固态照明技术和非固态照明技术在造型上的一些特性进行了比较。在此基础上，进一步对固态照明技术之于汽车灯具造型的影响和应用价值进行分析。

表 4-1　固态照明技术和非固态照明技术比较

项目	非固态照明技术	固态照明技术
代表技术	卤素灯、氙气灯	LED、OLED
应用范围	主要在照明灯具	照明、示位、显示灯具
系统单元体积	较大	较小，可以自由组合
配光元件	需要，形态单一	仅照明灯具需要，形态自由
形态特征	受配光元件影响，造型单一	自身可构成多样形态
照明效果	光晕，无明显形态特征	线条、三维实体造型，动态效果

2. 灯具造型与整车造型逻辑关系加强

抽象形态的设计方法强调造型设计的整体性思维，要求从整车宏观的层面着手。注重各个造型元素之间一种逻辑（logical）关系的构建，从而让整车造型更为协调。对于灯具设计来说，如何处理好整体与局部的关系，使灯具造型与整车造型协调的同时，成为整车设计的闪光点，这是目前灯具设计师所面临的一大挑战。21 世纪以来灯具与车身逻辑关系的演变如图 4-18 所示。

图 4-18　21 世纪以来灯具与车身逻辑关系的演变

汽车造型创意设计

　　从整车造型来看，车灯一般位于多个造型面汇聚、转折的位置，这一区域造型关系复杂，是构建上述逻辑关系的难点。以往在研究此类问题时，通常把灯具看成一个整体，寻求其在整车中比例、形态层面的关联性。而当时灯具技术对灯具内部造型限制较大，设计师将造型重点放在灯组外轮廓线和灯罩曲面上，但灯组内部还是以反光罩为主导的造型，缺乏明朗的设计特征。20 世纪 90 年代设计语言的进化使复杂的车身型面开始出现，灯组造型也随之异形化，这一逐渐激化的矛盾对灯具与整车更为明晰的造型关联性提出了更高的要求。

　　而基于固态照明技术的逻辑化设计思维则首次将灯具与车身造型有机联结起来。一方面，DRL 将"线"的造型引入灯具设计，灯具造型不再仅仅是一个曲面轮廓，而是作为造型主体元素与其他的特征产生呼应关系；另一方面，固态照明技术在照明灯具上的应用有效减小了配光元件的尺寸，并使灯具的形态灵活多变，以更好地配合整车设计语言。大众在近年来着重强化了这种关联性特征，成为逻辑化思维的代表，其车型中灯组成为中央格栅的延伸，DRL 也与格栅线条相连接，同时照明灯具也全部采用方正形态，以此凸显其品牌平行化的设计语言（见图 4-19）。随着汽车设计界对整车造型逻辑性重视程度的日益加深，通过固态照明技术构建灯具与车身的形态关系已经成为当下灯具造型发展的主流趋势，比如引领尾灯造型新趋势的保时捷的贯穿式尾灯（见图 4-20）。

　　固态照明的进一步发展使上述这种逻辑关系向着多元化的方向发展，从而衍生出更为新颖的逻辑关系。固态照明灯具在空间上的灵活性使设计师开始对灯具与车身造型面的结合方式进行深入的探讨。在未来，OLED 技术使自由的三维发光形态出现在灯具设计之中成为可能，从而呈现出前所未有的设计概念。在近年来推出的概念车中，一些采用包裹、穿插、镂空等处理方式的造型出现在雷克萨斯、起亚、雷诺等以前卫造型著称的品牌之中，这些设计强调了灯组作为一个独立形体的三维特征，使灯组在视

第 4 章　汽车造型创意设计的层次及发展趋势

图 4-19　大众的逻辑化灯具设计语言

图 4-20　保时捷贯穿式尾灯——"线"的造型引入灯具设计的典范

图 4-21 灯组与整车造型逻辑关系的多元化发展

觉上不再是从整车造型面中切割出的部件,而是作为独立形体的造型元素与车身构建逻辑关系,达到在对立中寻求统一的造型效果。灯组与整车造型逻辑关系的多元化发展如图 4-21 所示。

3. 品牌特征在灯具造型中的进一步强化

21 世纪以来,汽车厂商逐步把灯具造型系统化地提升到品牌特征的高度。短短几年时间,灯具造型和照明效果已经成为品牌特征的核心组成部分,直接影响车型和品牌的市场表现。塑造出既符合品牌特质,又美观新颖的灯具造型,成为各厂商亟待解决的问题之一。而在未来,固态照明技术将进一步助推汽车企业塑造出更加鲜明独特的品牌特征。

历史实践表明,新兴技术为品牌特征的建立提供了根本性的解决方案。奥迪是较早认识到灯具造型对品牌形象重要意义的汽车厂家,在 LED 登陆汽车灯具之后,它便为全系车型配备统一风格的 DRL,由此确立了科技感的品牌形象,并迅速提升了品牌认知度。这一市场上的成功让竞争对手纷纷效仿。如今,风格迥异的 DRL 造型已成为识别各厂商车型的有效手段。但从长远来看,任何单纯在造型上的探讨都是有局限性的,要想在品牌形象上有质的提升,唯有将造型与技术有机结合,才能真正成为这一领域的领跑者。

建立品牌特征面临的另一个核心问题便是家族化形态特征的塑造。车厂不仅要横向地在不同车型的灯具上兼具家族特征和独特风格,做到求同存异,还要纵向地与时俱进,使品牌特征历久弥新。这在对品牌认知度更为敏感的中高端品牌中体现得更加明显。固态照明技术的广阔设计空间也为厂商提供了崭新的思路。宝马经典的双圆形前照灯元素通过不同的表现形式一直延续至今,但其中灯具运用的照明技术已经经历了从卤素、氙气、LED到激光的演变,如图 4-22 所示。奥迪通过 DRL 取得市场上的成功之后,也面临着产品线灯具造型单一的问题,因而欲从矩阵式灯组、OLED 等技术创新中寻求突破,以保持其在汽车灯具造型中的领先地位。

我们知道,汽车灯具形态的演化趋势在任何时期都是多元化的,如今品牌思维的增强则进一步催化了灯具在造型上的差异化程度,而技术创新则是产生这种差异的根本源泉。

与车身造型设计一样,汽车灯具造型也是设计师和工程师相互博弈和促进的结果。历史实践表明,汽车灯具造型的创新与进步是一个设计与技术双向互动的过程。一方面,新的造型创意及设计语言为工程师提出了新的挑战;另一方面,新型照明技术的诞生也为设计师的造型概念提供了相应的灵感来源和理论支持。

图 4-22 宝马灯具设计的家族元素

固态照明技术为未来新能源汽车灯具造型的发展演化开辟了全新的领域，通过与抽象形态的造型方法相结合，它不仅使灯具造型满足照明安全要求，达到造型与功能相契合的高度，同时也使汽车照明系统在造型和功能上的重要价值得到进一步放大，让灯具真正成为汽车明亮、美丽而智慧的眼睛。

4.4.2　参数化设计

参数化设计是近几年来概念车型细节设计中当红运用的手法，主要运用在车身造型面局部，以及大灯、轮辋、格栅等细节中。高品质的参数化设计细节意味着较高昂成本的同时，也能显著提升汽车的品质感和豪华感。

相比参数化设计在建筑中贯穿整个空间的结构感而言，参数化元素在汽车设计上的运用比较"扁平化"。比如雷诺之前推出的 Trezor 概念车，以六边形为基础的参数化细节主要运用在车身钣金件表面，有着很强工艺感的装饰味道，如图 4-23 所示。

将参数化元素融入格栅设计的典型例子就是 Lexus 的纺锤

图 4-23　雷诺 Trezor 概念车车身表面上的参数化设计

第 4 章 汽车造型创意设计的层次及发展趋势

图 4-24 Lexus 纺锤形参数化设计进气格栅

形格栅了，见图 4-24。相比于在车身表面的参数化纹理，Lexus 的格栅有更多结构性的变化，更加立体、复杂又不缺秩序，和 Lexus 的设计语言融为一体。

第 5 章 乘用车车型分类及跨界混合车型创意设计方法

5.1 乘用车车型的基本分类

在 20 年以前，对于普通的中国老百姓而言，汽车应该就是人们经常在街上看到的轿车、卡车和公共汽车。而能够被称为轿车的应该是前有引擎舱、后有行李舱、中间有一段明确高耸的乘员座舱的"小轿车/小卧车"，这其实就是一种典型的三厢轿车——Sedan。可以说，这就是在一定的时间和空间范围内普通人对于汽车尤其是轿车的基本理解。

然而，不久之后中国城市的街头又渐渐出现了被称为"子弹头"的"面包车"，而这种车型的真正的名称应该是 MPV，也就是多功能车。随着经济、社会的发展，人们逐渐认识了 MPV，很多人已经可以将其与一般的"面包车"区别开来。随后，越来越多的两厢车、SUV 也逐渐进入人们的视野并被人们所接受。人们对于车的理解越来越开放、越来越多元化，而汽车车型发展变化的步伐也越来越快。今天，一些前所未闻的更加新颖也更为陌生的车型概念的名词频频涌现，一时间 CUV、SUT、CST……纷纷面世，持续冲击着人们的头脑和整个汽车市场。那么乘用车究竟有几种主要的车型，而这些新出现的混合车型又是什么意思呢？

对于这些新的概念名称，专业设计人员有必要了解其真实的含义。同时了解和研究这些新概念的产生和发展过程，学习先进汽车企业推出新概念的背景及其操作、推演过程，对于我们更有效地开展汽车造型创意设计无疑具有巨大的启发价值和借鉴作用。

本章将向读者介绍跨界混合车型的基本概念、发展脉络和设计原理,详细分析目前主流的跨界概念并推演未来主要的车型混合趋势。

首先了解一些基本车型的定义和特征。在汽车诞生的初期,汽车车身是从马车车厢的结构借鉴而来的,所以最初很难区分基本车型的分类。随着技术与市场的逐步成熟,普通乘用车逐渐发展定型出了三厢车、两厢车、单厢车(面包车)、小货车、越野车等基本车型,这些车型主要是从两种平台上发展出来的:轿车底盘和卡车底盘。很多后来开发出来的新概念车也都可以追溯到这些早期的基本车型。基于卡车底盘,后来逐渐发展出 Van、Pickup 和 Offroad 三个基本形式;而由轿车底盘则直接衍生出 Sedan、Coupe/Convertible 和 Station Wagon 等几大车型。以上便是常见乘用车车型的基本发展脉络,其示意图如图 5-1 所示。

对于这些基本车型及其发展出来的部分跨界混合车的工程定义见表 5-1。

图 5-1　基本车型发展脉络关系示意图

表 5-1　基本车型及部分混合概念车型的工程定义

车型	工程定义
普通轿车 Saloon（Sedan）	封闭式车身，有或无侧窗中柱。车顶（顶盖）为固定式，硬顶。有的顶盖一部分可以开启。4个或4个以上座位，至少两排。后座椅可折叠或移动，以形成装载空间。2个或4个侧门，可有一个后开启门
运动轿车（轿跑） Coupe	封闭式车身，通常后部空间较小，车顶为固定式，硬顶。有的顶盖一部分可以开启。2个或2个以上的座位，至少一排。2个侧门，也可有一个后开启门。2个或2个以上侧窗
敞篷车 Convertible （Open Tourer） （Roadster、Spider）	可开启式车身，车顶可为软顶或硬顶，至少有两个位置，第一个位置遮覆车身，第二个位置车顶卷收或可拆除。2个或2个以上座位，至少一排。2个或4个侧门。2个或2个以上侧窗
舱背乘用车 Hatchback	封闭式车身，侧窗中柱可有可无。车顶为固定式，硬顶，有的顶盖一部分可以开启。4个或4个以上座位，至少两排，后座椅可折叠或可移动，以形成一个装载空间。2个或4个侧门，车身后部有一舱门
旅行车 Station Wagon （欧洲称为Estate）	封闭式车身，车尾可提供较大的内部空间。车顶为固定式，硬顶，有的顶盖一部分可以开启。4个或4个以上座位，至少两排。座椅的一排或多排可拆除，或装有向前翻倒的座椅靠背，以提供装载平台。2个或4个侧门，并有一后开启门。4个或4个以上侧窗
运动型多功能车 Sport Utility Vehicle	封闭式车身，按尺寸分类为紧凑型、中型和全尺寸，可采用两轮驱动、全时四驱、分时四驱等驱动形式。至少两排座椅。2个或4个侧门，并有一后开启门。4个或4个以上侧窗
多用途乘用车 Multi-purpose Passenger Vehicle （MPV）	上述车辆以外的，只有单一车室载运乘客及其行李或物品的乘用车。但是，如果这种车辆同时具有下列两个条件，则不属于乘用车： （1）除驾驶员以外的座位数不超过6个（只要车辆具有可使用的座椅安装点，就应算座位存在）； （2）乘员总质量超过车辆质量
箱式车 Van	拥有宽大的车厢空间，全封闭式车身或乘客舱，乘员在2～12人之间。它一半以上的发动机长度位于车辆前挡风玻璃最前点以后，并且方向盘的中心位于车辆总长的前四分之一部分内
皮卡 Pickup	分为货车、Pick Up、Truck和拖车（Trailer），在驾驶室之后拥有敞开式货箱，至少两排座椅，采用两轮驱动、全时四驱、分时四驱等驱动形式

续表

车型	工程定义
越野乘用车 Off-road Passenger Car	在其设计中所有车轮同时驱动（包括一个驱动轴可以脱开的车辆），或其几何特性（接近角、离去角、纵向通过角、最小离地间隙）、技术特性（驱动轴数、差速锁止机构或其他形式机构）和它的性能（爬坡度）允许在非道路上行驶的一种乘用车

下面，简要介绍和分析几款典型的重要车型。

1. Sedan

我们平时所说的三厢轿车基本上属于Sedan，这是最为普通的基础车型，它的整体布置中规中矩，符合基本的载人载货需要。从造型角度上讲，车身比例平稳周正，给人以大气、稳重的感觉。这一造型形式被普遍应用于中高级轿车的设计中。正如同Sedan中规中矩的造型，它的定位人群也往往是偏向中庸、生活平实的一类。

Hatchback、Station Wagon、Coupe/Convertible是在这一平台基础上衍生出来的三种重要的细分车型，它们分别弥补了Sedan车型在某些方面的相对不足。但为了实现这一方面的功能要求而需要在其他一些方面做出牺牲。Sedan车型性能特点如图5-2所示。

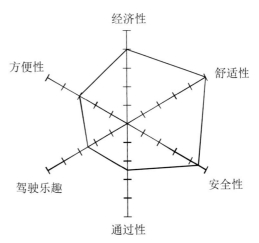

图5-2 Sedan车型性能雷达图

2. Hatchback

Hatchback 又称为掀背车,是将传统三厢车车顶的弧线适当加长、向后延伸,同时取消了原来伸出的后行李舱而得到的一种车型。Hatchback 有别于 Sedan 的最大特点是后行李舱盖往往与后风窗合而为一,可以同时向上翻起,方便货物的装卸。掀背车包括 Compact Hatchback 和新兴 Crossover 形式的 Sedan Hatchback。Hatchback 车型性能特点如图 5-3 所示。

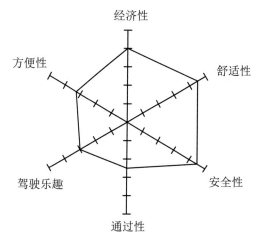

图 5-3 Hatchback 车型性能雷达图

Compact Hatchback 就是在 Sedan 车型基础上将原有后备箱去掉,并延长车顶弧线得到的两厢式设计。这一改动在保证乘坐空间的同时,有效缩小了整车外廓尺寸,使车可以在窄小的城市街道上游走自如、停靠方便。为了弥补后备箱空间的不足,Compact Hatchback 主要改进了后排座椅的结构形式,可折叠座椅概念的引入使空间的灵活性大幅提升改善。随着两厢车低能耗和方便性的优势显现,Compact Hatchback 逐渐成为中低端车型的主流配置。因此,很多欧洲的车厂也开始以两厢车的车身设计作为先导,从事基础车型的开发。以 New Polo、Jazz 为代表的新一代两厢车 Compact Hatchback 更多地融合了 MPV 的设计元素,车身外轮廓线因为越发追求流线型而看起来更加接近于单厢车。

发动机横置、结构紧凑，四轮趋向于分布在车身四角、轴距加长，这些改进都有利于扩大车内乘坐空间。而四六开分的后排折叠座椅则进一步增强了后排空间的灵活性。该类车型的定位人群是具有一定经济偿付能力的年轻家庭。

3. Station Wagon / Estate

Station Wagon（美国人称 Station Wagon，在欧洲则被称为 Estate）最大的特色就是将轿车拱形的穹顶弧线向后拉伸截断，因此在保证了后排乘坐空间的同时，带来了大行李箱空间用于放置旅行用品。旅行车所针对的人群十分明确，即喜欢携一家老小，通过高速公路网前往度假胜地休假的中年中产阶层。为了方便用户群体，旅行车牺牲了动感的造型换来充足的使用空间。Station Wagon 车型性能特点如图 5-4 所示。

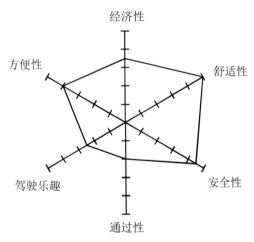

图 5-4　Station Wagon 车型性能雷达图

4. Coupe / Convertible

Coupe/Convertible 主要通过降低离地间隙，调整驾驶员坐姿，提供可开闭顶棚来提升车辆的驾驶乐趣。在国外市场上大量充斥着以畅销大众化车型为基础维持四门三厢或两门三厢的形式，改型而成的 Coupe/Convertible，它的后排乘坐实用性较强，可以乘坐大人，因此这种形式又可以称为 Four Seater。同时这类车型也包括那些专门开发底盘的超级跑车。车室内一般还会有前后两排座椅，但后排座椅的实用性差别可能很大，即平时所说的"2+2"设计。两扇侧门较为宽大，因此车身比例会有所改变，通常均呈现出长车头、短车尾的态势，以彰显动感风味，这类车型以 Audi TT、Porsche Boxter 为代表。毫无疑问，Coupe/Convertible 十分纯粹地满足了人们对于速度的渴望。Coupe/Convertible 车型性能特点如图 5-5 所示。

5. Van（厢式车）

厢式车具有宽大的车厢空间、全封闭式车身或乘客舱，乘员大致在 2～12 人之间，实现了客货两用的功能。但也正是因为它的功能性太强，致使用途单一，缺少活力。Van 车型性能特点如图 5-6 所示。

6. Pickup（皮卡）

皮卡底盘前桥采用独立悬架，后桥则采用非独立钢板弹簧悬架，车身车架分离，依靠车架承受弯扭作用。其特点是既有轿车般的舒适性，又不失强劲动力，而且比轿车的载货和适应不良路面的能力还强。Pickup 车型性能特点如图 5-7 所示。

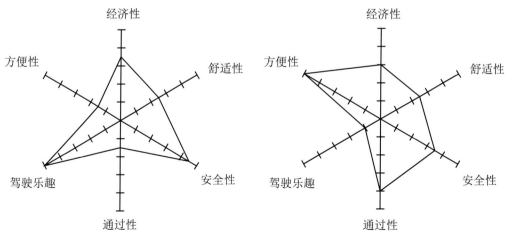

图 5-5　Coupe/Convertible 车型性能雷达图　　图 5-6　Van 车型性能雷达图

第5章 乘用车车型分类及跨界混合车型创意设计方法

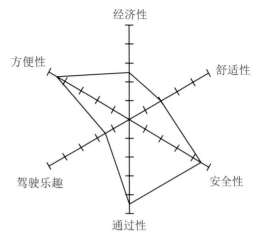

图5-7 Pickup车型性能雷达图

7. Off-road（越野车）

Off-road兼备工具性与娱乐性，往往因其出众的越野性能出现在特殊的场合。而越野车跋山涉水、无往不至的能力也是不少人所热衷和向往的。因此，大量的Crossover车型往往通过结合越野车的多重属性实现原有概念的突破。由于特征非常鲜明，这里就不列举雷达图了。

通过上述分析，可以看出，每一款车型都具有各自的特点。对于客户而言，如果汽车厂商仅提供这些单一功能的车型，往往是鱼与熊掌不可兼得，很多消费者买车时实际上是希望能够兼顾很多功能，实现更多的目标。例如，Station Wagon虽然空间功能性强，但通过能力略差；皮卡有较好的通过性，但是舒适性又较差，尤其是后排座椅。客户的实际需求是既可以拉人又可以拉货，还能够越野，适合在长途的高速公路上巡航。尽管Station Wagon、皮卡都不单独具备上述全部条件，但是如果能够使Station Wagon和皮卡在性能上实现优势互补，就可以满足人们的实际需求。

正是基于以上的这种旺盛的需求，一些厂商开始尝试将一些各有特色的独立车型创造性地融合在一起，取长补短，以满足更为复杂、全面的需求。这些跨界混合的新车型一经推出就受到了广大消费者的欢迎与追捧，迅速占领了新兴的细分市场，并持续挤压着传统车型的市场份额。更重要的是，这些不断推出的新概念车型迎合了用户不断变换的消费心理，甚至还在引领着最新的消费潮流。

为了生存和发展，各大厂商都在不遗余力地开发、设计更新的跨界混合车，混合设计已成为汽车设计领域的主要创新手段，这种创新设计的车型被称为（交叉）混合概念车（Crossover），又称复合概念车、跨界混合车型等。

Crossover是指以某种底盘形式为基础，套用其他车型的总布置特点、结构特征、造型元素或内外饰感觉，创造出一种具有全新感官体验或独特功能的混合多种车型元素的新型概念车。名词Crossover的本来意思是交叉、交叠，用在汽车上最初是指轿车底盘的运动型多功能车（Crossover SUV），目前也用这个词来形容与之类似的其他车型混合方式。因此，Crossover的含义既包括现在国际国内市场上正处于鼎盛时期的SUV（sport utility vehicle）、MPV（multi purpose vehicle），又包括新型的基于轿车底盘的Crossover SUV和采用皮卡形式的SUT等。

Crossover的基本设计元素来源于现有车型，具备多用途性。既可以是基于原有车型的风格改进，也可以是综合各种不同车型取长补短的混搭。

混合概念车的基础原型往往源于某些市场中的主流车型。随着经济的发展，面对消费者不断增长的新需求，那些既有的"经典"主流车型往往显得无能为力。很多消费者的实际需求可能部分地被某种车型满足，但其他愿望又往往需要另一种车型来实现，因此很多汽车企业就尝试着将两种不同的车型最有用的部分综合在一起，并通过重新设计使之能够成为可靠的产品，新的混合概念车也就此诞生。

复合概念在整车上的表现形式是应用现有车型的底盘。事实上，混合概念车的底盘大多采用轿车底盘。这样可以利用现有成熟的技术平台，有效降低研发成本，同时以多用途为卖点，扬长避短，使混合概念车型的产品竞争力大幅提高。这些特点造就了混合概念车型特有的先天优势。

那么，最著名的混合概念车是什么车型呢？又是怎样出现的呢？我们先从身边最常见、最成功的混合概念车的演变说起。

5.2 经典混合概念车型的历史演进及特有优势

作为历史上最为成功和著名的两款混合概念车型，SUV 和 MPV 的概念产生与发展恰恰展示了 Crossover 多用途的特点，车型代表如图 5-8 所示。同时，SUV 和 MPV 所针对的消费者也具有鲜明的时代特征。

5.2.1 SUV 的发展历程

SUV 是英文 sport utility vehicle 的缩写，即"运动型多功能车"。从字面上就可以发现，它本身是运动元素和多用途结合的车辆。SUV 的底盘高，有大梁，可以牵引，后备厢的空间也很宽大。其最吸引人之处在于除了具备中高档轿车的舒适性外，还具有更高的越野性和安全性，并且非常具有运动感，便于日常生活、外出旅行和野外休闲。可以说，SUV 是集越野、储物、旅行、

图 5-8 经典混合概念车型 SUV 和 MPV

牵引多种功能为一体的成功车型。

SUV 的前身分别是 Station Wagon（旅行车）和 Jeep（吉普）。二者经过近 30 年的混合演变，至 20 世纪 80 年代中期在美国逐渐成形。20 世纪四五十年代开始出现的旅行车是把三厢车的行李箱向上拉高从而增大了室内空间，并增加了一排座椅，大大增加了载货量。美国人驾驶此车可以一家老小挤在一起去长途旅行。另一方面，"二战"结束时，为盟军立下了汗马功劳的吉普车，成为年轻人的探险越野车。由于其车身构造于大梁之上，使其稳定、抗振和抗拉的能力比其他车辆都要强大。

生活越来越富裕的美国人，开着一辆车去度假时，更希望把他们的旅行房车、钓鱼快艇和哈雷摩托也拉上，再带上家人，在周末或节假日穿州过省去完成长途旅行度假计划。这样的需求就给美国各大汽车生产厂提出了新课题：为市场开发一款既有旅行车的载客量和宽大空间，又有类似吉普的车身构造，且在大梁上具备强力牵引功能的多用途车辆。在此之前，上述两种功能暂时由皮卡（轻型卡车）来实现。但人们认为轻卡只适合在郊外行驶，开着它上班，总有些别扭，更不够时尚。

至 20 世纪 80 年代中叶，美国的经济从 70 年代的石油危机中复苏过来，美国人开的车的发动机排量越来越大，功率越来越大，拖车和游艇的质量也越来越大，这就给舒适、大功率、高牵引力的运动多用途车辆以良好的市场契机。1991 年，吉普推出了 6 缸大切诺基，配备 4000mL、180 马力、牵引力达 2.5t 的发动机，加上强大的广告攻势，人们终于在皮卡和旅行车之外找到一款既有私家车的美观舒适性，又具有越野车的高通过性、良好的防滑性能和高牵引力的，集多种功能于一身的全新车种，这就是我们现在见到的运动型多用途车辆——SUV。

5.2.2　MPV 与 Minivan 的发展历程

1977 年，克莱斯勒公司秘密展开了开发一种全新的小型厢式旅行车的计划，后续演变成今天看到的 MPV，大致过程如图 5-9

所示。当时的大型厢式旅行车虽然已经出现了 30 多年,但却存在着两个影响销量的大问题:其一,厢式旅行车都使用卡车底盘,这种底盘所采用的钢板弹簧和非独立悬架结构使得这种车的乘坐舒适性非常不好。尽管经过了一系列改进,其驾驶感觉却很难摆脱卡车的影子。第二,这种大型厢式旅行车的长度过长,超过了一般美国家庭车库的容积。为了解决上述问题,新开发的小型厢式旅行车不但外形尺寸要缩小,而且它的驾驶和乘坐感受必须贴近轿车或跟轿车一样。同时,其装载能力又不能有太大的下降,至少要达到 7 座以上。

该车选择了轿车底盘以使整车能有轿车一样的舒适程度和驾驶感受。为了减小外廓尺寸,同时保证室内空间,克莱斯勒创造性地使用了"驾驶舱前移"的设计方式——将发动机舱盖缩短,加大挡风玻璃的前倾角度,让四个车轮更接近车体的边角,这样的设计可以在相同车长的情况下做到内部空间的最大化,这就是

图 5-9 克莱斯勒 MPV 车型发展历程

MPV 的雏形。

MPV 以轿车底盘为基础，部分 MPV 更采用小型轿车的底盘作为平台，成为拥有最大内部空间的单厢式车型。MPV 的标准特征包括平整的地板、除前排以外的可拆卸座椅以及灵活多变的客货空间组合方式。MPV 一般为 5～7 座。如果撤去座椅，MPV 可以立刻变成一辆厢式小货车。并且，其安静的声音、舒适和平顺的驾乘感受又完全可以满足载人的要求。

5.2.3　Crossover 车型的特有优势

Crossover 车型推出以来发展强劲，迅速成为主流新车型开发的重要手段。那么混合车型及其设计方法究竟有什么特殊优势使其成为市场主流发展趋势呢？

第一，Crossover 具有对于细分市场的适应性。

传统的汽车开发是针对某一目标人群设计开发批量大生产的产品，这个目标人群具有相同收入、年龄、教育、种族、区域、性别及生活方式，其缺点是大面积地忽视了这一群体中的个性和偏好。而细分市场的营销理念是针对某一具有相似消费需求群体的偏好来开发新产品。

复合概念的最终目标恰恰是满足那些现有车型未能完全满足的个性需求，而这一"个性"来源于多元化的生活方式。可以说多元化的生活方式是多功能的市场基础，因此混合概念车型的产生是细分市场的必然结果。

第二，Crossover 对于现有竞争车型具有针对性。

交叉混合车型的开发往往都是有很强针对性的，是针对现有市场，以既有的竞争车型为竞争对手的。所以设计人员在设计开发过程中会尽可能地将多种车型的优势集合在一体，针对现有车型的优缺点，有目的地进行超越性的改进设计。针对现有车型的一些固有的缺陷，Crossover 车型可以在操控性、经济性、舒适性以及概念创新性等方面体现出优势。

第三，Crossover 的创新形象往往具有文化和消费心理上的优势。

Crossover 的成功往往对应于社会主流文化的变迁。从年轻人对于父辈的叛逆思潮，以"用与父母截然不同的东西"为出发点，导致 MPV 热销，到崇尚运动休闲的生活促使 SUV 成为主流。社会主流文化的变迁构成了概念发展的原动力。这些文化上的卖点在营销上的体现为：推广复合概念的关键是给予消费者归属感，从而可以使其获得消费后的优越感。对于 Crossover 而言最为重要的是确立该车型与现有车型之间的区别与联系，引导消费者认知新概念的优势。

5.3　目前汽车市场中的主要混合概念车型

今天，混合概念车型成为新的乘用车市场中的热点，销售增长迅速。目前，比较主要的交叉车型包括以下几种。

1. LUV

以保时捷卡宴为代表的豪华混合多功能车（luxury utility vehicle）在北美乃至全球取得了巨大的商业成功。

2. CUV

Crossover SUV 低端市场 CUV 的增长同样迅猛。CUV（car-base utility vehicle），其根本意义是指应用轿车底盘作为整车平台研发的多用途车型，这类车型一般应用技术较为成熟车型的轿车底盘，适度增高离地间隙，保证良好的通过性。但是这类车型并不一定装备越野车常见的四驱系统，因此结构简单，成本降低。同时在造型方面，该类车型一般具备 SUV 威猛强壮的造型语言。

代表车型包括富士森林人（Forester）、本田 C-RV 和三菱欧蓝德（Outlander）。

3. SUT (sport utility truck)

这一概念最早由本田于 1999 年在底特律车展上推出，其本质是汽车采用现有 Crossover SUV 的底盘，货箱则为敞开式结构，

图 5-10　本田 Ridgeline

因而装载形式灵活，如图 5-10 所示。当时本田提出这一概念的初衷是为了试探美国消费者对于外来皮卡的接受程度，为日后进军北美皮卡市场做准备。但随后这一形式迅速地成为美国人所乐于接受的车型，因而被众多日、美品牌效仿。SUT 最大的优势在于同时保留了 SUV 在恶劣路况条件下的高通过性、皮卡的载货形式以及豪华车的驾乘舒适性。

代表车型包括悍马 H2 SUT、本田 Ridgeline、凯迪拉克 Escalade EXT。

4. CLS 和 Sports Tourer

在欧洲，奔驰推出了突破性的新概念 CLS 和 Sports Tourer 系列——GST 和 CST。CLS 级不仅具有跑车的造型风格，且具备高级轿车的舒适性和功能性。作为跑车和轿车的混合物，CLS 拥有一般轿跑车所无法做到的宽敞后座和大容积后备厢空间。

GST 拥有长达 2980 mm 的轴距，采用 4+2 座位布局，如图 5-11 所示。车内空间甚为开阔，空间感甚至比大型豪华轿车更优，配合独立式真皮座位及豪华感的车厢，驾车人及乘客均可感受到华贵乘坐感。它配置了四轮驱动系统、可变式气压悬挂、V6 柴油发动机、7G-TRONIC 7 前速自动变速器等高级设备。

源于奔驰 CST（compact sports tourer）的 B-Class 与 GST

图 5-11 奔驰 GST 和 CST

一样,也是一款适合家庭出游的四驱乘用车,如图 5-11 所示。与传统的家庭版车型相比,有着大空间大、多功能、通过性强等优点。它实际上是奔驰公司为了分食家庭用车市场这块蛋糕而推出的。它的面世会与紧凑型轿车形成强有力的竞争。

5. Crossover 化的紧凑型家用轿车

大众公司推出了基于第四代 Polo 平台的紧凑型 Crossover SUV——Polo fun。保险杠及车顶纵梁被设计成了不同的颜色,从这点来看,该车的设计追求运动型多功能车风格。车高增加了 20 mm,其中底盘升高了 15 mm,并配有 17 英寸车轮。Polo fun 整体上给人以动感与充沛活力印象。这也代表了许多紧凑型家用轿车不断 Crossover 化的一个发展趋势。

5.4 最新的典型 Crossover 概念车的组合方式和发展方向

通过分析近年来几大世界级车展中发布的概念车可以看出，Crossover 概念车在 2001 年之后呈现爆发性增长，大量新颖的混合设计层出不穷。众多厂商瞄准主要基本车型之间的市场空缺，纷纷尝试新 Crossover 的概念组合，并首先以概念车的形式在车展上推出，试探消费者对于该种组合方式的喜好程度。通过对各个车型组合概念方式的归纳可以看出以下几种发展方向。

1. SUV（Crossover SUV）与 MPV 概念的靠拢与结合

SUV 与 MPV 作为现阶段国际市场上最为畅销的两款车型，拥有广泛的客户基础。二者的市场基数十分庞大，它们之间又存在着较为明显的差异。由于在功能方面各有所长，因而二者的组合有了开发细分市场的可能性。这一细分市场的 Crossover 概念包括：保留 SUV 结构形式而融入 MPV 多用途特点的类 SUV 车，弱化了原先十分明显的冒险、粗犷的概念，加入了更多的旅行和休闲元素，比如大众的麦哲伦概念车（见图 5-12）；另一种是保留 MPV 平台而融入 SUV 运动特质的类 MPV 车。

图 5-12 融入 MPV 多用途特点的类 SUV 车——大众概念车麦哲伦

2. SUV 与 Coupe 结合

在原先 SUV 的底盘基础上，整合 Coupe 流畅的车身线条和驾驶感受，构成一款适应城市环境的竞技性车型。后来出现的宝马 X6（见图 5-13）和奔驰 GLE Coupe 等车型就是 SUV 与 Coupe 概念结合的量产车型。

3. Compact Hatchback + SUV

利用紧凑型掀背车的底盘和布置形式，在车身外形方面则汲取了 SUV 的结实有力的体貌特征，小巧而不失功能性，总体风格更偏向于城市休闲。

4. Offroad + Coupe

这一概念的出现体现了 Crossover 设计理念在越野与舒适这一对矛盾平衡关系上的回归，延续了越野车运动、冒险与极限的主题。同时结合了跑车化的坐姿和造型特点，车身低矮，由于下视野的限制车头较短，外轮廓更接近于 Compact Hatchback + SUV 组合的混合概念车，比如大众的 Concept T（见图 5-14）。

除了上面这些大跨度的概念混合之外，一些介于相近的现有车型之间的 Crossover 也大量涌现。这类车型针对现有车型市场的边缘交界区域进行细分，具有很好的技术可行性和设计针对性。概念车往往只需在造型和内饰上稍作调整，即可实现量产。

宝马 X6 Concept 2007　　　　宝马 X6 2009　　　　宝马 X6 2015

图 5-13　宝马 X6 概念车型及两代量产车型

图 5-14 Offroad + Coupe——大众 Concept T

5. Hatchback + Sedan

Hatchback + Sedan 的代表车型是欧宝 Insignia（见图 5-15）。欧宝 Insignia 用它独特的尾部造型把自己与传统的豪华房车区分开来，在保持整个车身外轮廓两厢半的前提下，后窗轮廓更为平直，尾部设计成了双门轿跑的形状，后备箱轮廓变为一个小平台，因此该车不但延续了高档轿车的豪华品质，而且在车身造型中加入了更具动感、更加时尚的元素，以吸引年轻的贵族。这个概念的实质就是在重要场合能够体现非凡的豪华和气度，而到假日又能成为一款五座家庭用车，带着家人到处购物、巡游。

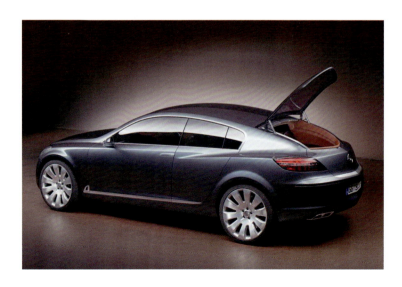

图 5-15 Hatchback + Sedan——欧宝 Insignia

6. Sedan + Coupe Style

Sedan 和 Couper 的混合车型不仅具有跑车的造型风格，而且具备高级轿车的舒适性和功能性。作为跑车和轿车的混合物，该车型集合了这两个汽车类型的最佳特性，拥有一般跑车没有的宽敞后座和宽大的后备厢空间。这类车型目前的代表就是前文所述的奔驰 CLS（见图 5-16），其竞争对手奥迪和宝马也开发了类似车型来抢"蛋糕"，包括宝马 6 Series、奥迪 A7 等。

由上述归类可以发现，在国际市场上复合的概念不再是大范围的、大跨度的交叉，更多情况是围绕某一细分市场选择合理的主题来创造与推广相应的概念。但始终不变的原则依旧是，依托 Sedan、Coupe/Convertible、Pickup、SUV、MPV 等基本而经典的车型，寻找这些经典车型之间存在的交叉元素，将独特使用方式、性能特点、情感传达进行结合与融入而形成新概念的 Crossover。尤其是针对 Coupe 和 Convertible 这类具有相当强的驾驶乐趣的车型概念进行结合已经得到了市场的肯定。

7. 可变身综合车型混合

例如 Coupe、Roadster、Sedan 和 Pickup truck 的集合。

最早的代表车型可追溯到在 2001 年法兰克福车展上推出的 Saab 9x，它集成了紧凑的 Coupe 和运动感十足的 Roadster 的外

图 5-16 Sedan + Coupe Style——奔驰 CLS

形优势，又有 Sedan 的实用、舒适的内部空间，当尾门打开时，还可向后抽出一段空间开敞的加长货箱，可承载尺寸大大超出后备厢尺寸的物品，使之可以立刻变身为多用途的 Pickup——皮卡。这种可变身的多种概念的综合型混合车型，往往作为企业探索 Crossover 市场多种可能性的探路石。经历突破性的创新设计，使车身通过某些部件的开合、拉伸、重叠等动作实现快速变身，使其能够同时拥有三四种甚至更多种车型的优势。这种多种类、大跨度的综合优势给消费者提供了更多的选择空间，能满足更多的潜在需求。然而，太多种类车型的组合，希望四处讨好的愿望也会使车型定位显得模糊，处理不当容易导致缺乏特点和针对性。

总体看来，混合概念车型正向着造型风格多元化、市场定位细分化、概念元素本地化方向发展。

第 6 章 汽车造型创意设计流程

汽车造型创意设计的实际操作流程在不同的企业、不同的公司中都不尽相同——每个企业都会根据自身特点、人员配置以及项目规模采用符合其实际情况的具体操作流程。但是,无论具体的操作手段变化多么丰富,大家依据的基本的设计理论、设计方法与大致流程还是一致的。

6.1 创意设计的前期工作

下面以一款融合 SUV 与 MPV 跨界概念车的创意设计作为实例,从设计过程中抽取几个片段,记录这款概念车(在 2013 年上海国际车展德国大众的展台上展出)前期创意设计比较完整的过程。

在这个跨界概念车设计项目方案探索阶段,一共有四个小组参与,每个小组有 3 ~ 4 名成员,各小组作为一个团队参与设计项目的竞争,图 6-1 所示为小组在方案设计探索阶段的记录。分

图 6-1 方案设计探索阶段记录

小组后，3~4人可以围坐在一起共同讨论、发散、绘制设计草图，小组成员彼此之间的鼓舞、感染、讨论、评价和激发成为每个设计成员充分发挥自己的想象力、创造力的重要手段，同时小组成员间的配合、协调也在锻炼和考验着每个人的团队协作能力。

在设计之初，建议先从市场研究、设计定位开始。在收集了大量的细分市场、竞争对手以及目标人群的背景资料的基础上，以小组为单位开展讨论、分析，确定基本的设计定位，找出关键词并制作意象板。意象板的制作务求准确、精炼。

首先，对未来的使用人群进行研究，预设他们可能的生活习惯和用车规律，形成未来出行方式的初步概念。用车主体设定为30~45岁的年轻人：

（1）富有激情，关心家庭。

（2）在工作之余喜欢放松心情，释放压力。

（3）有活跃的朋友圈，经常与朋友们聚会。

（4）主要用车环境为大城市和城郊地区。

（5）平时这辆车会作为年轻人的市内代步工具，满足通勤、购物等城市生活基本需求。

（6）而在周末这些年轻人则会选择与长辈团聚，或全家到郊外游玩，因此本概念车需要考虑为一家人的团聚或出行提供温馨舒适的环境。

为了满足目标人群这些需求，这款"大众之车"采用了新的概念——MPUV（multi-purpose-utility-vehicle），探索一种MPV与SUV结合的车型，兼具大空间、实用性和越野能力。考虑到未来中国家庭主要由四个老人、两个成年人和一个小孩组成，该车总共安排了七个座位，以满足全家人出行需求。

这辆车的另一个重要设计来源是"大众自造"平台，该平台收集了中国普通百姓对未来家庭用车的104个最具代表性的创意"点子"，小组对这些"点子"进行了深入分析和解读，整理为四个主题：安全、舒适、环保、娱乐。然后从每一类里挑选出有发展潜力的想法，作为设计展开的参考，例如车身外部显示器这个

第 6 章 汽车造型创意设计流程

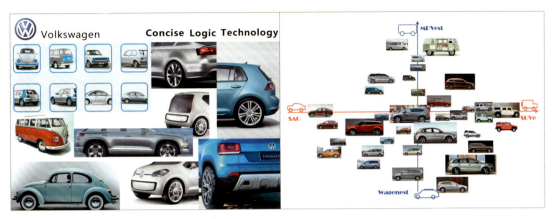

图 6-2 前期的设计调研和设计定位工作

想法就对小组的最终方案产生了较大影响。

基于以上分析,总体设计目标是:这辆车既要满足年轻人个性化的需求,又要为家人团聚提供温馨的场所——通过可变的车内布置方式和内部氛围来实现个性化与家庭化的结合。

造型设计的关键词定义为简约、逻辑性和科技感。简约意味着简洁;逻辑性是指理性的设计思维和语言,以及造型语言之间较强的逻辑关系;科技感是通过全新的设计语言来充分展现其应用的最新技术。小组还运用了造型意象板对关键词进行了可视化解释,更形象地明确了造型风格。图 6-2 展示了前期的设计调研与设计定位工作的片段。

6.2 创意设计的基础环节——大量绘制草图

经过对市场、车型等要素进行调研分析,明确设计任务,并找到关键词制作意象板等环节,小组成员可以开始图面的设计工作了。还是先将简单的线条组合的研究作为切入点,大量发散设计方案,再逐步讨论、选择、深入、细化,由简及繁,由浅入深,并最终趋于成熟。在小组工作的全过程中,创造的欲望、绘图的激情可以相互感染、互相支持,使小组成员始终保持高昂的设计热情。设计方案的推进过程中务必注意相互之间的交流与启发,尽量避免相互指责与批评，尽可能保护新鲜的想法，即使这些想法还不成熟、不切实际甚至异想天开，但经过深入细致的讨论、分析与研究也都有可能成为新奇有创意的有价值的新概念。

在前期的创意阶段，绘制海量的设计草图是创意设计过程中的一个基础环节。草图初期可选用 A4 幅面的复印纸或马克笔专用草图纸，勾线选用油性圆珠笔或彩色铅笔皆可。在绘制大量的线条组合时要注意用线的速度感和运动趋势，还要有节奏、有韵律。更为深入的草图可以增加更多的细节信息，部分草图可选择马克笔快速涂绘。不要过多拘泥于细节，用马克笔快速大面积分出颜色或绘出背景即可。注意尽可能选择同一系列不同明度的成套马克笔。当方案继续深入时，还可以增加色粉的使用，从而快速表现金属质感、光影和色彩效果。

1. 由"线-型"设计方法出发，探讨整车基本形态

图 6-3 这张草图记录了设计师在初始阶段的发散性的概念想法。设计师首先还是先尝试了很多侧面造型的关键线-型组合，逐渐清晰整个车身外轮廓的尺度与基本比例。该车型的最初设计目标是以 SUV 为基础，融合一些 MPV 的设计元素，形成新的运动型多用途车的混合概念。从设计草图可以看出，夸张并强调了整车的离地间隙和轮胎尺寸。

2. 在侧面草图基础上对透视角度方案进行探讨

继续深入绘制大量草图，探讨设计方案，如图 6-4 所示。在整车比例姿态上，将后面"撅"出来的车尾砍掉，加长前悬的

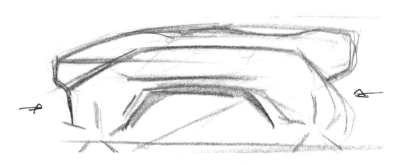

图 6-3　初始阶段发散性的概念想法

图 6-4　继续探讨设计方案

长度，让整车有要向前俯冲的蓄势感。侧面轮廓基本确认后，设计师逐渐将前脸和尾部的方案也考虑进来。角度不大的透视使设计师能够逐步考虑全车的造型方案的协调与完整性。至此，整车的空间形态基本确认。

3. 局部造型设计方案的探讨与确认

此设计图（见图 6-5）是对上面比较发散性的设计草图的整理和确认。全图使用黑色彩铅，用笔准确、轻松，形态准确，基本将整车的体量、动态和造型关键线、面表达清楚了。画面中的

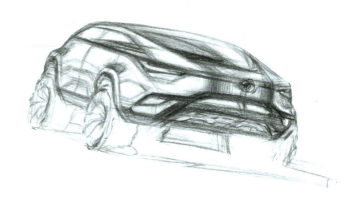

图 6-5　细节交代更为清楚的设计草图

汽车造型创意设计

调子层次丰富，整个车身侧面和前脸的反射环境区域都铺画了轻松整齐的调子，快速拉开了层次，塑造了体积感。

设计图重点突出了前脸的造型，从挡风玻璃转到前脸有一个简洁的竖面，在以往车型上的相同部位是一个进气格栅，此处的处理新颖突出，也暗示了这不是一辆传统动力的汽车，而是一个"新物种"，这一造型面在最终的设计方案中也得以保留。

在设计草图基础上，选取关键草图进一步用计算机辅助设计的方法将型面转折等造型细节交代得更加清楚，局部的造型细节也更加明确清晰，如图 6-6 所示。在各个设计细节确认之后，设计师还会通过绘制更加精细的效果图、制作展板等手段来更好地呈现设计方案。

图 6-6　利用计算机辅助造型手段绘制更清楚的效果图

6.3 整体方案的四视图/胶带图的造型探讨与确认

经过反复推敲，形态发展思路基本明确，现在需要用一些更为严谨、理性的方法来准确定义车型的关键形态。这里小组引入了四视图/胶带图的表现方式。

6.3.1 四视图

四视图要求设计师在正侧视、正前视、正后视以及顶视图四个正交视图（或称为正投影图）中理性把握并客观表达目标车型的正确形态。在实际工作中，并非每次使用四视图都会需要全部视图，有时只选取正侧视、正前视、正后视制作三视图，有时只探讨、制作侧视图，其中尤以侧视图最为重要。以上这几种情况都是从四视图中选取的，所以这个设计阶段仍被称为四视图阶段。这个阶段最为重要的地方在于，设计师需要尽快确定各部分形态的实际位置和基本尺寸，也就是说，四视图/胶带图阶段要求设计师头脑中有非常明确的"数"的概念。

汽车造型设计毕竟是针对工业界开展的有明确目标和服务对象的设计工作，而不是完全意义上的恣意发挥、完全自我的纯艺术活动。以提升市场竞争能力和迎合、刺激、引导消费为目标的设计工作必须考虑该设计将来的可实现性，而针对工业界的设计服务更要求设计师必须能够与整个开发团队中的其他工程师们进行良好的沟通。设计师不能奢望也无法要求没有接受过任何设计教育或训练的工程师们一定能够深刻理解自己的设计草图，因为要成为能够敏锐感受抽象形体的专业设计人员不仅需要付出艰辛的努力，还要有持续的热情、科学的方法，有时也需要一些天赋和运气。

人与人的特长、感觉不可能完全相同，对于那些一时无法准确理解设计意图的工程技术人员，设计师没有理由将责任推给别人。专业设计师必须掌握工业界标准的通用语言来与其他各部门的工程师们沟通、交流，这种通用语言就是四视图。事实上，对于工程师而言，标准的制图法是工程制图。这种图准确、精细，各处都有尺寸，可以通过标注的尺寸和测量来检验各部分的空间容量。设计师也有必要学习、理解这种工程人员常用的工程制图的方法和相关标准。

正规的工程制图的画法有一套非常完整、科学、系统的国家标准要求，要全面完成标准、详尽的整车完整外部形态的工程图纸，其重要前提是从整体到细节几乎所有的造型设计工作都已经确认了，与总布置、人机、工程结构等方面的要求没有任何矛盾与冲突，且各部分的尺寸已经基本确定。因此，每一个设计的最终完整版的工程图一般都是在造型设计工作结束，造型冻结后才会制作完成。

然而，在造型创意设计的初期，由于很多部分的形态、比例还在不断地调整、演化之中，而且也没有必要将大量时间花在不断变化的各个造型细节的严格尺寸标注上，这时还无法绘制完整、确切的四视工程图纸。但几乎从设计工作一开始，设计人员就必须与相关工程技术开发人员频繁交流、互相支持，这种交流还必须以双方都能够充分理解的工程图形式出现。在这种情况下，专业设计师一般都会选择简化版四视图作为与工程技术人员的沟通语言，并基于此开展工作。

简化版四视图就是将工程图作适当简化，在保留四个正交视图的基本视角的前提下，先不去追究一些不重要的外观细节的确切形态和尺寸，但必须把握住一些最为重要的基本造型尺寸，包括轴距、接近角、离去角、离地间隙、总长、总高、总宽、前悬、后悬等。此阶段的工作重点是解决怎样将自由、挥洒的设计草图中的自由曲线合理置于整车的正交视图之上，并使之符合总布置、硬点的种种要求。为此，设计师首先要按比例确定整车的轴距、轮胎的位置，然后根据工程技术人员提供的基础数据、总布置要求、人机关系等按相同比例摆放在图面上，作为后面工作的重要依据。

设计师要尝试将草图中的生动线条妥善安置在总布置方案

之上，使得整车轮廓线满足总布置要求，尽可能让开硬点，满足驾驶员上视野、下视野、后视野、头部摆动包络线等人机尺寸要求……在这种情况下，最初草图上的生动曲线往往必须要经过很多调整，才有可能满足这么多的硬性要求——这对设计师而言无疑是一个巨大的挑战。因为如果稍有不慎，主要造型线就会发生明显变形，其他次要造型线也会随之改变，很多优秀的前期创意往往就在这个阶段被无奈地扭曲、移位，以将就种种苛刻的工程要求。依笔者多年的设计教学经验，很多学生容易在这个阶段出现无所适从、盲目改动、顾头不顾尾从而最终自毁创意的现象。但不要紧，这是成为一名专业设计人员的必然历程。

苛刻的工程要求同时考验了设计师的能力、耐心和经验。成熟的设计师通过反复调整各条造型曲线，能够同时做到既满足总布置、人机要求，又能够尽最大可能地保留最初方案的生动性，甚至能够通过把握微妙的线型变化而强化最初的设计理念并找出发展方向。这种能力需要大量的设计实践与长期的设计经验的积累，更需要设计师开动脑筋、勤于动手，只有用心思考、用心感受、反复历练，方可日臻成熟。

四视图的形式是整个创意设计阶段由自由手绘草图向能够满足工程要求相关尺寸的工程图转化的重要阶段，是新鲜的创意能否成功变成产品的关键所在。目前，四视图的绘制主要有两种手段：胶带图绘制和计算机辅助绘制。

6.3.2 胶带图

胶带图是企业专业设计师的通用标准和方法，其主要优点是手工制作。设计师感受到的空间尺度更接近真实，并能够最大限度地保留设计草图的生动性和原创意图。

在企业实际的汽车造型设计过程中，完成这个阶段工作的工具主要不是笔，而是专用的胶带。利用这种能够自由弯曲、转折的特制专业胶带，设计师可以用双手控制每一条曲线的曲率、动态和细微变化。因此，这一阶段在产业界也被叫作胶带图设计阶段。使用胶带制作胶带图应该注意，最好配合使用专业的透明胶带图贴制薄膜。这种膜表面光滑、质地特性良好，非常适合专业胶带的自由贴制。一些专业薄膜还预先印有 1/10、1/5 的网格，给设计师提供了良好的尺寸参考的基准。下面，就胶带图的设计和制作过程作简要介绍。

（1）选择工作平面。首先，设计师需要找到一个尺寸合适的平整的立面。这个竖直的平面要求表面平整，无明显凹凸起伏。可以直接选择使用墙面或单独制作大面积立面图板。

（2）确定基本尺寸和比例，找到参考车型。首先，确定自己正在设计的车型的基本尺寸，主要包括可能的轴距、总长、总高、总宽、接近角、离去角、轮胎直径等重要尺寸（见图 6-7）。根据这些尺寸，可以找到一款与这些尺寸类似的现有车型作为重要参考，搜集该车型的几个正交视图。然后，确定胶带图的基本比例。基本比例可以根据目标车型大小、纸面大小综合判断，加以确定，一般包括 1/10、1/5、1/4、1/3、1/1 等，最常用的为 1/5。这里假设选用 1/5 比例。

（3）标示坐标原点。将找到的现有参考车型的四视图（也有先作侧视图的）按实际尺寸的 1/5 放大打印出来，在侧视图上找出前轮轮心的位置，并经过此轮心分别在水平方向和垂直方向画

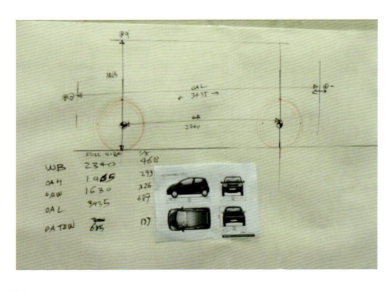

图 6-7　确定基本尺寸和比例

两条直线,这个前轮轮心的位置就作为以后作图的坐标原点。

(4)完成底图硬点标示。找出人体尺寸模板,一般选择第5~95百分位的人体模板就足以满足大部分消费者的尺寸要求。将此人体模板(一般选择第5百分位女性人体和第95百分位男性人体或只选择最大的第95百分位男性人体)放大至实际尺寸的1/5并打印,用剪刀剪出各部分的轮廓。如能按照活动人体模板的要求将身体主要关节做成活动的,就更为理想了。在打印图中适当位置确定臀点位置,并将人体按实际驾驶姿势摆放好。根据这些姿态找出眼椭圆,在底图上画出上、下以及后视野的边界线。同时也将开始认定的目标车的总长、总宽、总高、车轮直径、离地间隙以及其他硬点位置在底图上标示清楚。这些工作也可以直接在计算机里一次性完成,即在参考图上将所有硬点、目标尺寸、人机关系信息全部标明后再一次性打印成1/5的完整底图。在企业的实际开发流程中,这些标注参考尺寸的工作往往是由负责总布置的工程设计人员完成的,因为他们往往在这些方面更加专业,尺寸要求也更有针对性。不过在得不到工程设计人员的支持时,设计师也要想办法独立完成这些底图尺寸的标注工作。

(5)贴底图。将此1/5打印稿平整地贴在立面图板上,同时也将确定的关键草图贴在图板旁边。

(6)贴胶带图薄膜。裁减适当尺寸(大于1/5打印底稿的尺寸即可)的胶带图底膜,将其展平铺设于立面图板之上,如图6-8所示,四周用比较结实的宽胶带固定在板面上。注意,在贴胶带时要按对称关系拉伸、绷紧薄膜,并在这两个对称方向上同时用胶带固定,比如先拉伸、固定正上方和正下方,固定好后再向正左侧和正右侧同时拉伸薄膜并固定,接着是两对角线方向以及其他胶带间隔较大的部分。这样的贴膜顺序可以保证薄膜充分展开,表面平直,不会出现凹凸不平的起伏而影响贴制胶带。如果薄膜上有预制网格线,请一定注意将网格线的某一处交叉点与底图中的前轮中心点对齐。

图 6-8 贴好底图和胶带图薄膜

（7）预贴主线的引导线。薄膜贴好后，就可以开始正式的胶带图设计工作了。仔细观察 1/5 的工作平面，再反复比较旁边悬挂的初始创意草图，考虑几条主要造型线的可能位置。这一阶段一般先从侧视图开始——因为侧视图决定了该车型的基本尺寸和大部分的硬点信息。为叙述方便，先以贴制某车型侧视图中的顶棚轮廓线的引导线为例来说明胶带引导线贴制过程。

首先，找出比较宽的黑色胶带，宽度在 15～20 mm 均可，找到胶带断头后扯出约 5 cm 长度，用左手拇指与食指、中指配合捏住胶带头，右手顺势向外扯动胶带。但此时右手不要把握太紧，应采用虚握手形。胶带环套在食指、中指、无名指和小指之外，牵拉过程中保证胶带卷能够围绕右手四指组成的旋转轴顺畅旋转，由于不同胶带的胶带环直径不同，旋转轴内的手指数量可根据胶带环圈内径的实际情况加以调整；此时食指则轻附于胶带环圈外表面，保持胶带环圈转动的稳定性以便控制引出胶带的方向，如图 6-9 所示。

当右手牵拉出大约 30 cm 长的胶带时，看准顶部轮廓线的可能的起始位置，左手顺势将胶带头粘贴于底膜之上，并以此作为该引导线的起点。这时要注意将第一条引导线的下边沿作为未来车顶外轮廓线的可能位置。

之后用左手按住已经固定在薄膜表面的胶带，同时右手顺势

第 6 章　汽车造型创意设计流程

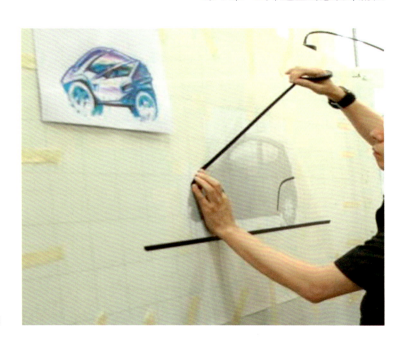

图 6-9　贴制胶带引导线

继续向右上方向拉伸，手心虚握，仍然保持胶带圆环在右手的旋转，当双手距离达到 50~70 cm 时，左手同时也按住胶带上表面并开始向右手方向运动。运动过程中保持左手手指对下面胶带的压力，使胶带能够按照预想的位置贴附于薄膜上。此时左手主要使用食指、中指和无名指，贴附胶带时三指并拢，并与胶带前进方向成 60°~90° 夹角，用三指的第一、第二指节接触胶带表面，整个左手保持稳定的手形、角度和力度，向右手所在方向匀速运动。右手牵拉时两手之间基本稳定保持 50~70 cm 的距离，右手通过牵拉来掌握胶带曲线的运动方向，左手则控制胶带最终的附着位置。由于车顶面应该是一条饱满、充满张力的曲线，右手千万不要作匀速直线运动，因为这样拉出的也会是一条斜的直线。右手应该随时调整运动角度，保持匀速匀角度（或接近匀角度）的曲线运动。在牵拉过程中，右手的力度也非常重要——既要保证被拉出来的悬空段的胶带可以基本保持平直，又不能因用力过猛而导致胶带被过度拉伸而变形。这种贴制工作需要左右手的严密配合、协同工作，才有可能贴出光顺、优美的长曲线。

当胶带导线超出了顶棚轮廓线的结束位置后，暂停左右手的

图 6-10　引导线结束时断开胶带

移动,右手拇指与食指稍加用力捏持,同时右手快速、轻便地突然向外扯动胶带环,如用力得当,胶带应该会在此断开,如图 6-10 所示。放下右手胶带,用右手拇指和食指、中指拿住图板上的胶带的断头,拉伸扯直后右手继续作均匀缓慢的角度变化,而左手则继续贴附余下的尾段引导线。至此,第一条引导线基本完成。整个引导线的长度应该可以长于实际的车顶轮廓,以便利用胶带中间最光顺的一段作为引导线。

开始的引导线选择较宽的胶带是因为宽胶带保持形态的能力较强,发生突然变形抖动的可能性很小,这种特性对于快速找出顺畅而有张力的自由曲线非常奏效。设计师利用宽胶带找到较长的造型主线的引导线,对于后续工作的开展也很重要。

注意,这里所介绍的左、右手分工是按照多数擅长使用右手的人的用手习惯定义的,如果是擅长左手的设计师也可以尝试将两手互换操作,看看哪一种方式工作起来感觉更舒服。

(8)反复修形。由于胶带图阶段本身也是对形态深入再探讨的阶段,并不要求设计师一定要一次性找准每一条曲线。很多关键线条往往需要经过多次反复调整,才能找到最佳状态。反复找

第 6 章　汽车造型创意设计流程

形的过程需要认真感受线的节奏和动态,体会其中的细微差异,不断尝试并反复比对各种更好的可能性。因此,设计师对于每条关键线的引导线都不应该只尝试一次,在第一条引导线之后,还可以尝试第二条、第三条……后面新的尝试线条可以紧贴前一条线的边沿,但在牵拉过程中可以略作变化,在某些局部出现一些曲率调整,可以明显改变整个线条的节奏与动感。之后可以将两条胶带中比较不满意的一条引导线撕掉,在其原来位置上可以继续尝试新的线条。

(9) 贴制其他引导线,相互比对。当然,有时候孤立观察一条造型线的动态并不一定能够保证设计人员做出准确判断——线条的合适与否常常需要与其他线条进行比对观察。此时,也可以将其他重要造型线的引导线按第(7)步和第(8)步贴制出来。这样,设计师就可以同时对几条造型引导线进行对比,协调相互关系并最终做出判断,如图 6-11 所示。

(10) 沿引导线贴制主要造型线。经反复尝试,基本确定主要造型线条的线条走势后,选择相对窄一些的胶带,宽度可在 3～7 mm 之间,在引导线的导引下,紧贴引导线边沿贴制最终确认的造型线。注意最终的造型线与引导线之间的微小缝隙一定

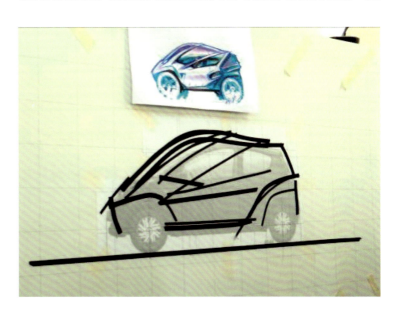

图 6-11　在多条造型引导线之间进行比对和判断

汽车造型创意设计

图 6-12　车身上半部分造型线基本完成

要保持均匀，否则就意味着这条造型线的局部与反复推敲而得到的引导线趋势不符。一般情况下，车身的上半部分的外形轮廓线应该会在一开始就首先确定下来，如图 6-12 所示。所以，上半部分的轮廓线也往往会比较早的沿引导线确定下来。当用较窄胶带贴制的轮廓线确定后，外围的引导线会被揭去。因此，在这个过程中会发现，使用量和消耗量最大的宽胶带最终基本不会在薄膜上被保留。

另外，即便使用 3 mm 的较细的胶带贴制造型线，胶带本身也有一定的宽度，于是我们一般以胶带的上沿作为代表最终造型线的确切位置。

（11）胶带曲线的观察与快速检验方法。由于 3~7 mm 宽的胶带比前面所述的宽胶带相对要窄一些，因此更容易发生形变弯曲，如果不依靠引导线而由设计师徒手自由贴制，初学者在中途往往会出现抖动变形的情况，而且这些抖动和不均匀的变化往往还会被初学者所忽略。因此，设计师要养成时刻检验曲线光顺度的习惯，要学会观察方法。胶带贴制在薄膜上后，将头部向牵引手——右手方向靠拢，同时面朝左手方向，眼睛盯住已附着在图板、薄膜上的曲线。接着头部开始向图板表面靠拢，随着眼睛也越来越接近图板,长长的曲线在观察者的眼中会发生水平方向上明显的收缩变形,线条路径上的一些起伏变化就会因为比例的改变而越发明显起来,任何细小的抖动,在这样的角度下都很容易被发现。当设计师观察到这些不规则的抖动变形时,就会理解为什么一开始要使用宽胶带作引导线了。

(12)次级造型线的贴制。在基本轮廓和侧面主要造型线确定以后,还需要继续深入贴制次级造型线。这些次级造型线包括窗线、门线、轮包边界、其他部件的分件线、车灯轮廓线、其他小范围变化的造型线等。次级造型线事实上也表示很多造型细节的信息,因为相比于主造型线,其整体的重要性稍低,所以应该选择比主造型线更细一些的胶带贴制。具体的设计制作过程可以参考第(7)~(11)步的具体做法。但是由于细节的转折往往比较突然,转角也会比较锐利,所以引导线也可以适当选择较窄的胶带,如 13 mm、10 mm、7 mm,甚至更窄。而一些体量很小的细节可以直接贴制,不必制作引导线。最终的次级造型线一般选择 3 mm 以下的细胶带,2 mm、1.5 mm 和 1 mm 都非常常用,而更细的 0.5 mm 胶带则比较适合贴制极小的微小的造型特征。

(13)地板和轮胎的阴影处理。如果整张胶带图只有几根线条会稍显单薄,所以我们一般把轮胎都用宽胶带贴成黑色,并把地板下面的底板的一些部分贴成黑色阴影,这样,整个画面就有了压得住的深色区域。较大面积的黑胶带的贴制方法是:先用圆规将轮胎的基本外轮廓轻轻画出来,再截取相应长度的宽胶带沿水平方向贴制,一条贴好后,紧邻其下继续贴制,中间不要留白,但每根胶带都要比轮廓短 1~3 mm,当水平排列贴好后,用适当宽度(7~10 mm)的胶带沿外轮廓仔细贴出圆整光顺的轮胎形状。正圆的曲率变化非常均匀,手工贴制接近正圆的轮胎外轮廓线难度较高,需要多练习。

(14)轮辋罩细节的处理。为了提升画面质量,营造更好的效果,设计人员可以直接在计算机中制作轮辋罩的细部造型设计效果,调整成实际尺寸的1/5比例并打印成黑白效果,然后可用

汽车造型创意设计

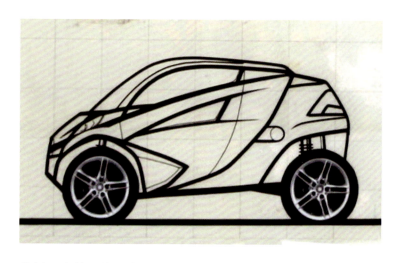

图 6-13　打印并粘贴轮辋

裁纸刀或剪刀裁下轮辋形象，贴于黑色轮胎的表面，如图 6-13 所示。

（15）车身表面反射光影的表现。这一步并不是必需的。基本上，当设计师完成上述所有步骤以后，胶带图的制作就可以结束了。但是，很多设计师还希望在胶带图上更充分地表现一些仿真的效果，例如环境反射、亮部和暗部的区分、高光等。这些效果可以用胶带直接在薄膜上贴制，但贴多了很容易与已有的关键造型线混淆，使画面层次混乱，变花。于是有些设计师会将薄膜反转过来，将光影反射贴在薄膜背面，等贴好再将其翻回来时，可以看到背面的黑色部分透过薄膜后显现出半透明的灰色，使画面中除黑白色以外又多了一个层次——黑白灰三个层级足以表现更为复杂的光影效果了。这种反转贴法虽然效果很好，但是由于这些额外的工作对于找准造型线的确切位置并无任何影响，而且还要耗费更多的时间、精力和胶带，所以不是特别必要的情况下，笔者不推荐这种复杂的胶带图双面效果法。

6.3.3　计算机辅助制作四视图

胶带图对于保留设计方案的生动性和原创性确实非常重要，但是，胶带图对于硬件的要求程度较高。首先，需要一个较大的立式工作平面和较大的场地；其次，还需要足够的专业胶带图薄膜和大量的各种宽度的专业胶带，这些材料还严重依赖进口，制作成本非常高；第三，即使是1/5的胶带图，从材料购买、底图准备到实施制作、反复探讨直到确认完成，实际上要经过一个比较长的过程。由于以上这些条件的限制，许多初学设计的学生或独立设计师由于无法承担过于昂贵的成本而不得不放弃高频率地使用这种表现形式。但是，四视图的工作仍然需要被完成，这个时候，院校的学生可以利用计算机辅助完成这一设计过程。

其实计算机辅助四视图制作的原理与实体胶带图的制作原理、基本流程是一致的。不同的是，不再需要实际的场地、图板、昂贵的进口薄膜和胶带，所以可以节约很多成本。设计师利用一些二维矢量图形处理软件，如CorelDRAW、Illustrator等，在虚拟图板上放置各种必要的底图、总布置信息、硬点位置、人机关系等，并在其上贴制虚拟"胶带"——用鼠标勾画造型关键线。完成之后甚至还可以直接标注尺寸，制作更为丰富、逼真的表面光影效果等。这种计算机辅助设计胶带图方法的最大优点是快捷、简便，不受硬件条件限制，节约成本，曲线质量更高。但是，由于设计师与最终完成的胶带之间永远隔着一层屏幕，只能通过鼠标控制关键线条的重要节点，很容易得到高质量的光顺曲线，却很难保持原始创意的生动性，没有人手的实际操作，得到的曲线也失去了因不同设计师感觉的不同而呈现出的个性化差异。这些恐怕是目前计算机四视图法无法取代胶带图法的重要原因。

正是基于以上两种方法的特点，现在也有很多设计人员将两者结合起来。先利用计算机快速制作基本的四视图，按比例打印出来后再铺设于实际的立面图板之上作为参考底图，在其基础上进行手工胶带图的制作；或者先进行手工胶带图的贴制，再利用数码设备输入计算机中进行光顺修整。以上两种方法的结合，可以使反复比较手工胶带引导线的次数大大减少，工作效率会大幅提高，成本也可有所降低；同时，既可以保证曲线的质量，也可以保证最终造型的生动性。

上述的MPUV跨界概念车采用电池和轮毂电机驱动方式，用

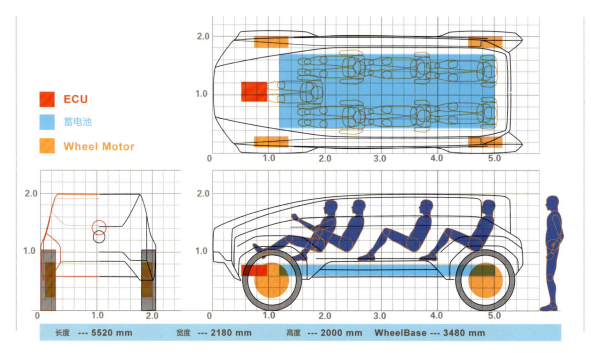

图 6-14 MPUV 跨界概念车的四视图设计

计算机辅助完成的四视图如图 6-14 所示。从顶视图中可以看出，前轮会占据部分车内空间，在第一排安排两个乘客会比较拥挤。于是把驾驶员单独安排在第一排，从而给他（她）提供更为独立、舒适的驾驶空间，创造全新的驾驶感受；而为了营造温馨的家庭氛围，增强乘员之间交流的便利性，采用了三排乘员座椅的设计。左、右两名乘客之间留有一定空间，座椅可以自由旋转，实现面对面的交流，营造出宽敞舒适的空间感。

  为了追求更好的通过性和粗犷的越野感，设定了较高的离地间隙，但这也给乘员上下车带来一定困难。因此，在之后的深入设计阶段专门对此进行了调整，通过适当降低离地间隙并设计上下双开的侧门，很好地解决了这一问题。总布置的确定为之后的内饰设计与模型制作提供了重要参考。

6.4 计算机辅助造型（CAS）与虚拟现实系统的应用

6.4.1 汽车造型设计数字化手段的发展

汽车已经有一百多年的历史。经历了百余年的发展，当初由马车经手工改造而成的汽车已经进化为各种量产车。虽然汽车早在"二战"时期就已经实现大批量流水线生产，而设计过程则长时间采用草图、效果图、模型这三个步骤来完成，设计周期长、过程复杂、成本很高。直到 1980 年左右计算机开始普及使得设计过程开始数字化，数字三维模型逐渐取得了与实体模型同样的地位。

进入 21 世纪以后，二维图像的绘制也逐步数字化，三维数字模型精度和渲染质量有很大的提高和改善。为了使数字模型观察者的感受更加真实，虚拟现实系统也应运而生。它使人们能够真实地感受到数字模型的存在，并与其互动，而不仅仅是观察它。这种系统涉及的技术很广泛，包括立体显示技术、传感器技术、建模技术、渲染技术等。它的诞生对于改善人们生活的各个方面都有帮助，比如各种涉及人机工程学的产品的设计过程均可以采用此系统，又比如以电影为代表的娱乐产业更可以采用它来给予人们更强烈的视觉冲击。近几年随着 3D 电影的流行，虚拟现实系统的应用正在迅速推广。对于汽车造型设计产业来说，研究如何应用好这一套系统来完善设计过程，并更真实地展示设计方案是十分必要的。

计算机辅助设计手段目前越来越多地应用于汽车造型创意设计领域。设计师可以利用二维数字化辅助设计方法和技术，快速发展和完善基本的设计创意。计算机辅助造型已经渗入到各大汽车制造厂的造型设计及整车开发流程中，并且在汽车造型设计流程中变得越来越重要。目前汽车设计与开发中的造型设计流程如图 6-15 所示。在选定设计方案之后，设计人员既可以借助 CAS 搭建数字模型，也可以通过胶带图、人工油泥模型等手段制作

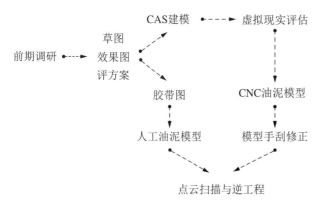

图 6-15 汽车设计与开发中的造型设计流程

实体模型,还可以同时通过 CAS 和比例模型探讨方案细节。基于 CAS 得到的数据进一步通过 CNC 对油泥进行铣削,然后油泥模型制作人员和设计人员会对初步得到的油泥模型进行细节探讨和修正,同时修改数字模型。造型修正、更改数字模型、虚拟评审经常会往复进行,直到造型冻结。造型方案冻结之后,需要用三维激光扫描设备对油泥模型进行扫描,点云扫描完成之后,数字模型制作人员仍然需要根据坐标位置进行逆向的数字建模得到完整的三维造型数据。

6.4.2 计算机辅助造型方法与流程介绍

计算机辅助造型是指在设计中,基于设计草图、设计效果图、口头信息或点云扫描的数据信息,通过计算机辅助造型软件进行的虚拟开发过程。计算机辅助造型的运用使得整车开发周期缩短,开发质量提高,开发成本降低。计算机辅助造型目前广泛地运用在车身造型设计领域,已经成为汽车设计开发过程中不可或缺的重要环节。对于设计人员而言,计算机辅助造型可以帮助其灵活地选择数字模型或物理模型进行开发设计,也可以同时使用数字模型与物理模型进行相互验证,计算机辅助造型得到的数字模型可以进一步在可视化软件中快速得到高品质的图像,因而能提高设计质量,保证设计品质。这个过程对软件和硬件都有较高的要求,同时还对设计师的三维想象和空间把握能力提出了更高的要求。

1. 曲线对曲面高光与曲面质量的影响

在 NURBUS 建模过程中，曲线对曲面高光和曲面质量的影响可以说是决定性的。在实际操作过程中，曲线本身有以下几点需要注意：

（1）曲线 CV 点排布应该均匀，图 6-16 中的曲线①不符合 CV 点排布要求。

（2）关键造型特征限定条件得到的曲线一般不会"跳"点，即 CV 点的排布应该在曲线的同侧，曲线②不符合要求，而曲线③的 CV 点排布均匀规律符合要求。

（3）倒角曲线的 CV 点同样排布要均匀规律，图 6-16 中曲线④不符合要求，曲线⑤符合要求。车身侧窗顶线经常会构建倒角线。

（4）曲线阶数由低到高，多使用 Stretch 工具调整 CV 点排布。

（5）车身计算机辅助造型过程中的曲线都是空间曲线，CV 点排布要求往往是多视图的，并不仅限于某一个特定视图。比如侧窗顶线 CV 点的排布在沿 y 轴和 z 轴的投影方向都需要满足

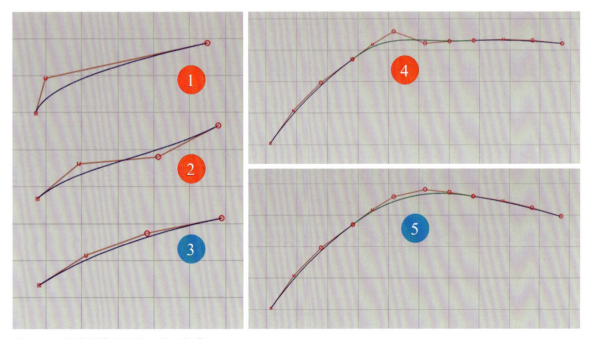

图 6-16　计算机辅助造型中的曲线质量

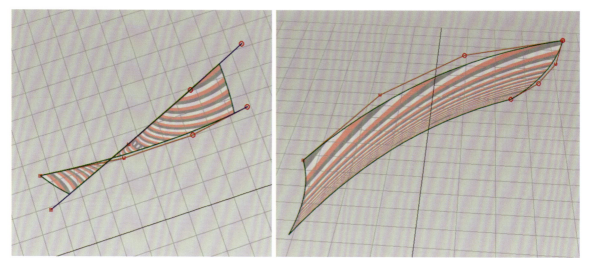

图 6-17　单条曲线 CV 点排布符合要求，成面高光不一定符合要求

要求。

在计算机辅助造型生成曲面的过程中，经常会通过两条曲线成面，比如常用的 Skin 和 Rail 这两个工具都是需要至少两条曲线成面。此时，单条曲线的 CV 点排布满足要求并不能决定曲面的高光是符合要求的。例如，图 6-17 中的两个曲面，分别使用 Skin 和 Rail 工具生成，成面所使用的两条曲线 CV 点排布都是均匀规律的，但是得到的高光是不符合要求的，基本不会在车身上出现。

两条或多条曲线生成曲面时，曲线之间的关系同样很重要。在车身计算机辅助造型过程中，为了得到符合要求的造型和高光反射，曲线之间的关系有以下几个比较基本的点需要注意：

（1）使用"同源"曲线。所谓"同源"曲线，就是基于上一条曲线，通过复制或者使用 Offset 工具进行偏移然后调整得到下一条曲线，这样能保证前后曲线 CV 点排布或排布的趋势具有较强的一致性。在车身侧面和尾部大面搭建过程中较多使用复制得到曲线；而在长条形造型的搭建过程中，经常使用 Offset 工具进行偏移得到曲线（比如轮眉和 A 柱）。

（2）避免产生尖角。NURBUS 建模得到的曲面都是四边面，即便在建模过程中需要补一个"三角",也是通过剪裁四边面的方式进行。

(3)两条或多条曲线有在同一个曲面的趋势。在通过两条或多条曲线生成曲面的时候,曲线在成面后往往会在曲面上,当曲线之间在某个投影视图上产生交叠的时候,这时生成的曲面会扭曲,就像图6-17中的第一种情况。

2. 面上CV点调整对曲面高光的影响

曲线的CV点排布会直接影响由曲线生成的曲面的CV点排布以及曲面的高光反射与曲面质量,通过直接调整曲面上的CV点排布同样可以改变曲面造型与高光反射。图6-18通过两个单曲面反映了CV点排布与高光反射条纹疏密度的关系——反射条纹的疏密度会随着曲率半径的减小而增大。

高光的整体走势通常是由成面的两条或多条曲线决定的,而曲面上的疏密进一步有变化,形成独特的高光形态,这往往需要调整曲面的CV点排布。如图6-19所示,通过Skin加卷曲度得到大面的整体高光走势,然后根据疏密度变化大致确定要将第三排CV点往车身内部方向偏移少许,按此思路获得理想的造型及

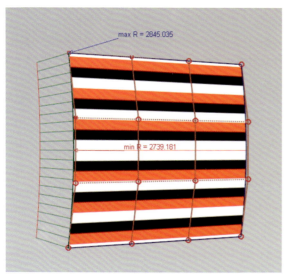 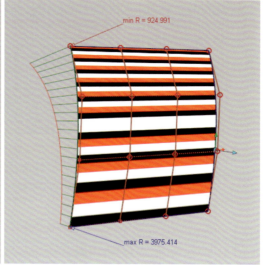

图6-18 曲面CV点排布与高光反射疏密度的关系

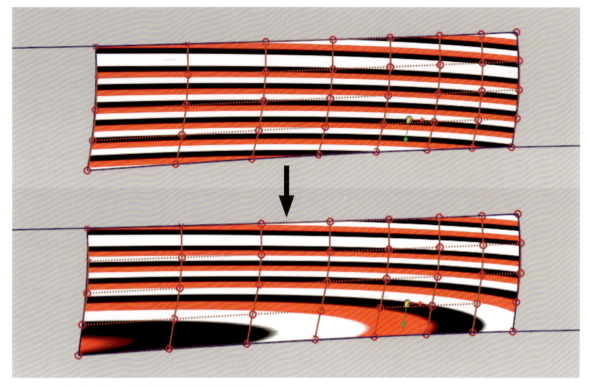

图 6-19 通过调整 CV 点控制曲面造型与高光反射

高光反射。

需要注意的是，在调整 CV 点排布时，通常不会单独调整一个 CV 点，而是调整整排或整列，以及使用衰减拉点工具进行调整。在这个过程中，曲线生成曲面相当于"整体"，而调整 CV 点是"局部"，同样按照从整体到局部进行。

3. 计算机辅助造型流程

限于篇幅，这里不对计算机辅助造型作详尽阐述，而是给出计算机辅助造型大致流程与方法（见图 6-20），读者可结合前面简单介绍的曲线曲面构建方法，通过实际建模进行练习。

图 6-21 所示数字模型是整个前期创意设计的阶段性成果。设计师最终将此设计推进到三维曲面模型阶段。虽然这一阶段已超越了自由手绘图的范围，但可以看出，最终数字模型上几乎全

第 6 章　汽车造型创意设计流程

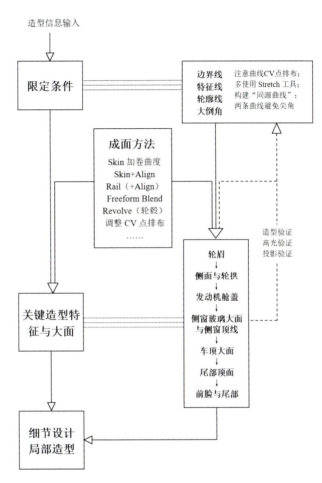

图 6-20　计算机辅助造型大致流程与方法

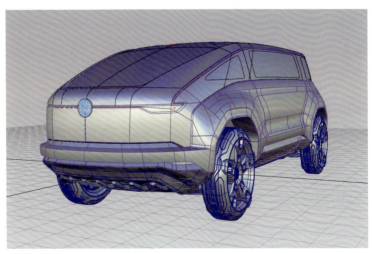

图 6-21　MPUV 混合概念车型方案的 CAS 模型

部继承了前面设计草图中的基本设计思想，整个车型的轮廓、体量、腰线特征、前脸造型全部都能够从各个阶段的手绘草图中找到。在这个阶段的设计成果之上可以继续展开如实体模型、细节调整、数字表面光顺等后续设计工作，直到完成样车甚至推向市场。其后的工作，如不出意外，汽车的造型应不会再发生根本性的改变。所以这个阶段的创意工作实现了该车型从无到有的诞生，创新的工作使全车造型的主要特征基本确定，我们从这个过程中基本可以明白创意设计的重要性。

6.4.3 虚拟现实系统及应用

在数字模型基础之上还可以进一步深入应用虚拟现实造型设计评价与演示系统，进一步提升造型设计的品质和效率。虚拟现实系统的概念最早于1989年由JaronLanier提出，是利用计算机产生三维虚拟世界并为用户提供具有实时交互功能的仿真模拟系统。最初此概念仅仅包括沉浸式虚拟现实系统，即需要用户佩戴三维眼镜、使用空间交互手柄、并完全被屏幕所包围的系统，如图6-22所示。如今此概念得到了很大的扩展，数字电影、计算机游戏等也都可以算作虚拟现实系统。归根结底它们都是为了提升用户体验的真实性，无论是从视觉上还是从触觉上，只不过是系统的复杂程度有所不同。

对于一套完整的高端虚拟现实系统来说，其硬件组成包括高

图6-22 沉浸式虚拟现实系统

端图形工作站、根据需求定制的三维投影系统（包括头戴式和幕布式）、动作捕捉系统以及模型操控系统。软件则视硬件的复杂程度采用市场上现有的成套虚拟现实软件或自行开发。

然而对于车辆造型的评审来说，其对交互性的要求并不是很高，只需简单的变视换角操作即可。视觉效果的真实性相对更加重要，能更准确地评价造型的质量和细节。因此其硬件组成相对完整的虚拟现实系统要简单得多，只需高端图形工作站和三维投影系统即可，甚至可以连三维投影都可以省去，直接在计算机显示器上进行评价。软件则大多采用市场上现有的成套虚拟现实软件或是简单的实时渲染软件。

虚拟现实系统的应用范围可以大致分为产品设计应用和娱乐应用。娱乐应用方面相对要求较低，主要是基于三维数字模型的实时渲染和简单的模型控制，例如 Xbox 上的赛车游戏或是 Wii 上的体感游戏，如图 6-23 所示。

此处我们更加关注的是产品设计应用。虚拟现实系统在产品设计方面的应用范围主要有交通工具造型设计、装配设计、虚拟装配以及各种虚拟环境的建立，例如使用头戴显示器和便携式图形工作站的虚拟战场系统、用于检验装配质量的虚拟装配系统和检验人机工程学质量的虚拟生产线系统等。

产品设计应用与娱乐应用的区别主要在于它对模型精度的要求更高。由于硬件限制和流畅度的要求，一款游戏中一个场景内包含的三角面数量一般在 10 万左右，模型比较粗糙，无法满足

图 6-23　虚拟现实技术在娱乐系统上的应用

汽车造型创意设计

工业产品展示需求。然而，在展示一款产品时的三角面数量通常会在 100 万之上，模型的数据保留完整，几何特征没有省略。这使得产品设计方面的虚拟现实系统硬件配置要求更高，对实时渲染的真实度要求更严格。如今电视等各种传媒中使用的车辆效果图和动画大多是使用实时渲染软件制作的，其质量能够达到以假乱真的程度。

对于汽车造型设计的评审来说，虚拟现实系统具体的应用方法包括：使用全尺寸大屏幕进行二维草图评审（见图 6-24），在设计过程中也可以使用全尺寸屏幕进行 1∶1 草图绘制；三维模型虚拟样机评审，车灯、各处颜色材质等细节的实时切换对比；车辆动画评审。在车辆造型设计中应用虚拟现实系统可以明显提升前期评审和展示效果，大大缩短产品的研发周期，节约成本。

总的来说，汽车厂商在设计开发流程中会运用最新的科技成果，综合运用各种先进手段来缩短设计开发流程，提升设计质量与品质。

图 6-24　Lexus 汽车造型设计虚拟评审

6.5 实体油泥模型的探讨与制作

6.5.1 油泥模型方法介绍

制作油泥模型是汽车造型创意设计的一个重要环节。仅以图面有时并不能完整表达汽车的全部造型信息,因而会需要在立体的模型上进行推敲。汽车造型创意设计过程中需要制作各种比例(如 1/5、1/4、1/3、1/2、1/1)的模型,这也是汽车造型创意设计方案从平面的效果图到三维立体的进一步深入发展和完善的过程。

汽车造型大多是由平顺圆滑的曲线和曲面组成的,同时,汽车模型还要求有严格的尺寸和比例关系,这就需要有非常精确的尺寸观念、配套精确的量具和基准平台。

制作汽车造型探讨模型时往往会使用工业油泥作为原料,因此这一过程也叫作"汽车油泥模型制作"。工业油泥因为是以辅助三维的汽车造型设计为目的而专门开发的,所以具备很多特殊的属性,它是一种"具有一定的塑性而又经久不干的材料,在加热到70℃时,会变得如同橡皮泥,可塑性非常强,但回到常温,其质地又变得坚硬。且它没有一般雕塑泥干燥后可能产生裂纹或尺寸缩小等弊病。"

6.5.2 比例模型制作

汽车造型创意设计在进入立体三维阶段以后,往往需要经历至少四个阶段:比例油泥模型探讨,1/1整车油泥模型制作,样车试制,以及后期的数据采集、整理和准备。此过程一般先从比例模型开始,图 6-25 所示为汽车比例油泥模型。

比例模型因为比真车的尺寸要小,制作起来的工作量比等全尺寸模型要小得多(但相比图面的工作量仍然要大得多,所以比例模型往往会从多个设计方案中挑选最为满意的几个进行进一步推敲),可以相对快速地推敲和表达基本的设计想法。

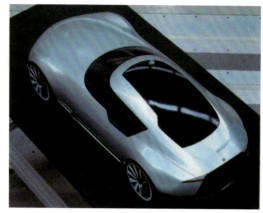

图 6-25　汽车比例油泥模型

比例模型的制作过程如下:

(1) 尺寸图与轮廓线靠板准备。如前所述,需提前准备好造型设计所需的几个重要视图的胶带图,并依据轮廓线制作轮廓线靠板。

(2) 制作骨架和内胎。油泥可塑性强,但质量较大,成本较高。一般先制作木制或金属的骨架,以承担基本重量。之后在其上堆制聚氨酯发泡等轻质成型材料,从而降低模型整体质量和成本。注意,内胎一定要比最终的造型外表面内缩 3～10 cm,以确保给油泥成型留有足够修改空间。

(3) 成型。木胎放在平台上,将油泥一层层地敷上,至大致形状后,将模型放在平台上,借助于钢板尺、直角尺、卡规、画针盘或者三坐标测量仪进行测量,用专用刀具雕塑成型。

(4) 精修。将模型固定在雕塑台上,与平台坐标刻度对正,用高度尺、龙门架、三坐标测量仪测量坐标,进行精修,力求尺寸准确、左右对称、线性光顺。

在 MPUV 概念车项目中,通过小比例油泥模型(见图 6-26)对造型细节进行探讨和推敲,这是将二维设计转化为三维造型的过程,也是对二维效果图进行验证的过程。效果图中一些未考虑清楚的造型处理会与现实的三维空间关系发生冲突。比如对翼子板的处理,最初对该部位形态处理的考虑不够深入,手法较为简单,导致其立体型面与效果图不相符,无法收到预期效果。另外,

第 6 章　汽车造型创意设计流程

图 6-26　MPUV 概念车项目的比例模型

初期模型看起来尾部有些下坠，缺乏动感。经反复研讨，逐步找到更理想的立体形态，在后期的比例模型中基本展现了效果图的核心造型意图。

6.5.3　全尺寸油泥模型

相比全尺寸模型，小比例模型虽然节约了大量的时间、成本、人力，但是其并没有取代全尺寸模型的作用，由于任何物体的形状都有一定的尺寸范围，一旦将比例缩小或者放大之后就会使人的视觉感觉产生巨大的变化，主要原因是比例不当、线型失调、造型失衡等。由于汽车产品最后是以其全尺寸显示的，所以应该用全尺寸模型验证造型效果，否则直接投入生产，必将发现诸多问题，从而造成无法补救的损失。

在比例模型的基础之上还要进行 1/1 全尺寸模型的制作，目前全尺寸模型制作会将手工刮制和 CNC 加工相结合，如图 6-27 所示。模型制作精益求精，模型质量以及设计品质完全呈现在其中，这个阶段如保留了任何造型的瑕疵都会在未来的产品车中呈现出来。

在此基础之上还会进行样车试制等进一步的制作，如图 6-28 所示。MPUV 概念车项目最后阶段同样是制作展车，与大众方面一起商讨确定了各个设计细节以及展车的颜色与材质设定，并逐步应用到最终方案中。在专业设计师和外协团队的支持下，采用汽车造型专用建模软件完成了精细的数字模型，并进行了渲染，

图 6-27　2018 Audi A7 CNC 加工油泥

图 6-28　样车制作照片

以预估未来展车的可能效果；数字模型还作为原型用于后期视频的动画制作。之后在外协公司制作了油泥模型——先利用数字模型数据采用数字铣床进行大体量粗加工，再利用手工光顺完善造型曲面。获得基础曲面形态之后，对模型进行评审，提出修改意见，之后对整体比例和一些细节进行微调和优化。

1/2 油泥模型的定型意味着整体方案的冻结。之后的硬质模型制作过程中，基本没有再对设计方案进行大的改动。在清华团队、大众设计人员和外协公司的共同努力下，经过长时间的深入设计和精心研制，最终制作完成了该方案的演示视频和实体概念

第 6 章 汽车造型创意设计流程

展示车——展车材质逼真,具有 LED 灯光效果和电动车门。该车与设计团队一起在 PCP 新车发布会和 2013 上海国际汽车展上完美呈现在世人眼前,如图 6-29 所示。

图 6-29 MPUV 项目最终的样车与车展实况

第 7 章　汽车造型设计中的细节设计

7.1　支撑整车品质感的细节设计

目前，很多正规的汽车企业在开发新车时往往都会采取"先推出前卫概念车，再根据市场反馈不断调整，最终量产"的策略（见图 7-1），在当前的市场环境以及技术水平下，这种策略是保证创意设计得以稳步实现最为有效的方法之一。

全新的概念设计首先承载于概念原型车之上，在国际汽车展的舞台上大放异彩，提升企业的创新形象。同时，利用车展平台，尽可能收集、了解用户对此概念的反应，从而测试该车型未来的市场潜力。之后，基于各方的反应，针对该车开展相应的改进设计，同时随着时间的推移，不断加入最新的时尚元素，之后再次参加车展，车展后再行改进……如此反复多次，直到企业确信该设计及其针对的市场已基本成熟，可以大胆地投向市场时，企业就会将其量产，推向市场并进行销售，使之成为真正意义上可以在大街上看到的商品。

在汽车作为商品面世后，整个设计过程还远未结束——新车成功上市不久，迫于巨大的竞争压力，企业还要不断地对该车型展开调整和改进设计，不断推出"小改款""年度车型""换代车型"……这一过程会伴随着该车的整个生命周期。量产车型随着时间的流逝，市场会对其不断提出新的要求，等待着它的是其后漫长的改型过程。

第 7 章　汽车造型设计中的细节设计

图 7-1　汽车厂商先推出概念车，经不断调整再推出量产版

　　为了降低风险、减少成本、最大化地实现每款车型的投资回报，厂家便在基本平台等工程技术条件基本不变的情况下对车型的造型进行改进，针对大灯、进气格栅、后视镜、转向灯等细节进行持续不断的设计改进，推出一代又一代的"新产品"……此过程会一直持续好几年，直到厂家认为该车的技术平台已经完全过时，即使再进行造型改进对于提高销量或延续产品生命周期也已经起不到多大作用，并且已有了新的替代产品的时候，才会决定将此车型停产退市。

　　这种开发方式的主要特征就是概念稳步实施，通过不断改进而提升品质。从例子中可以看出，从早期推出概念车到最终定型的量产车，整车的基本体量、形态、轮廓线基本保持一致，也就是说宏观层面上几乎没有什么大的变化；从中观层次来看，也基本没有根本性变化，很多的案例中侧面和前脸的基本形态关系基本类似；而最主要的改进工作基本都集中在第三个层次——细观层面。对概念车的每一次改进和调整都会针对细节做大量设计改进工作，尤其在大灯内部、进风口格栅、轮辐罩等部件的设计改进上要大做文章。这些工作在整个汽车创意设计的工作中占有相当大的比重，因此，关注细节设计的方法与技术，训练细节设计方面的能力对于专业设计师而言是必需的。

本章重点关注创意设计中的细节设计的方法与技术。由于细节设计的对象特别丰富，全车的所有可视部件的形态处理几乎都属于细节设计。而针对一些部件的细节设计的方法、技巧和经验如果应用到其他部件上基本也是可行的，这就是说，细节设计的方法与技巧的通用性很强。因此，本书以某个细节设计作为案例来具体说明细节设计的基本流程。

细节造型设计对设计人员的能力、经验要求较高，同时也要求掌握科学、有效的方法。这里以进风口为例介绍细节造型设计的研究过程。

针对汽车某部分的细节设计，首先要了解其基本的工程技术要求，以及可能实现的制造工艺。然后，还要针对其品牌形象特征与车型定位等信息进行分析、总结，找出此部分细节设计的各种可能方向。在此基础之上再开始具体的方案设计。

7.2 进风口的工程技术概况

汽车前进风口及其格栅是汽车前脸的一个重要组成部分，体现了每辆车的家族特征。其主要的功能是作为整车前部最重要的一个进气口，所进空气主要提供给全车通风使用，尤其是水箱散热器、空调散热器、发动机进气等。进风口以及格栅的设计较为灵活，主要考虑造型因素。进气格栅往往可以突出汽车的品牌与家族特性，是汽车设计中的重要造型局部。

7.2.1 进风口设计对汽车性能的影响——散热性能与进气量

置于发动机舱内的发动机散入冷却系中的热量，必须由冷却系介质带走。散热器应有足够的水通道面积和足够的表面积以及空气通道，使水泵泵出的冷却液与冷却风能够进行充分换热。冷却空气流动量小或流通不畅是发动机散热不良的重要原因之一，而汽车进气格栅的设计会影响进风口的进气系数，进而影响冷却空气的流动。

进风口的开口位置、开口面积都会对进气量有影响，但设置在正常位置的进风口与进气格栅一般都能够基本满足发动机进气量的要求。不过，在广大用户看来，大面积的进气格栅代表着更大的进气量和发动机功率，以及随之而来的动力性。所以在运动性和豪华轿车上往往设计有巨大、夸张的进气格栅。

7.2.2 与进气格栅设计相关的制造工艺

汽车进气格栅的力学性能要求较低，制造时主要考虑造型美观和汽车轻量化。进气格栅的材料往往采用车用工程塑料、轻金属合金等材料。

1. 车用工程塑料

塑料在汽车中的应用已经逐渐成为一种趋势，使汽车更轻、更快、更美观。现代进气格栅一般采用工程塑料（ABS）一次成型加工完成。

车用塑料一般采用注射成型。气体辅助注射成型（gas assisted injection molding）、片状模塑复合料（sheet molding compound）成型、反应注射成型（reaction injection molding）等技术也是较为先进的车用塑料成形方式，这些可以快速、自由成型的技术为进气格栅的设计提供了很大的自由度。

2. 塑料镀铬涂装技术

经电镀的塑料，既保持了塑料原有的优点，又改善了导电、耐磨、装饰等性能，因而扩大了塑料的应用范围。塑料电镀产品如果再经涂装，其防护装饰性能会得到进一步的提高。进风口格栅主要应用防护装饰性的镀铬层，这种镀铬层在大气中具有强烈的钝化能力，能长久保持金属光泽，在多种酸性介质中均不发生化学反应。且镀层硬度高，具有优良的耐磨性和较好的耐热性。

3. 碳纤维进气格栅

所谓碳纤维（carbon fibre），即碳纤维复合材料，这种材料一般是采用特殊的工艺在基体材料（多是高分子聚合物）中加入碳纤维增强制成。碳纤维作为汽车材料，最大的优点是质量轻、强度高。为了提高进气格栅的散热性能和满足轻量化设计的要求，在超级跑车、概念车和改装车中出现了以碳纤维为材料的进气格栅（见图7-2）。

目前，在汽车的内外装饰中已经开始大量采用碳纤维替代金属材料，使汽车的轻量化取得了突破性进展。碳纤维的经典色彩

图7-2 改装车上的碳纤维格栅

便是黑白相间的格子,但碳纤维经过简单的表面处理后,可以使其保持金属材料的光泽。

4. 镁合金的应用

镁合金作为工业应用最轻的金属材料且具有良好的阻尼减振性能,可以生产出质量轻、耗油少、环保型的新型汽车,因此成为汽车轻量化的首选材料。

镁合金的优点可归纳为:

(1)密度小,可减轻整车质量,间接减少燃油消耗量。

(2)比强度高于铝合金和钢,比刚度接近铝合金和钢,能够承受一定的负荷。

(3)具有良好的铸造性和尺寸稳定性,容易加工,残品率低。

(4)具有良好的阻尼系数,减振性能优于铝合金和铸铁,用于壳体可降低噪声,用于座椅、轮圈可以减小振动,提高汽车的安全性和舒适性。

(5)具有独特的金属光泽感和高科技感的材质特性,非常适合制造汽车外部细节零件。

7.3 进风口造型的设计方法

本节将重点分析几个进风口设计的典型案例,从中学习最实用的细节设计原则和方法。总体而言,前脸进风口的造型设计必须重点考虑的两个最重要的因素为品牌形象和车型特征,下面对二者分别加以分析。

7.3.1 进风口造型设计应符合品牌形象的需要

对于广大用户而言,汽车的前脸造型对于塑造品牌形象的作用是非常大的。例如,提到宝马,大家就能想到它的双肾形格栅,天使之眼;雷克萨斯让人头脑里马上闪现出纺锤形格栅;起亚的虎啸式前脸……这样的例子在每一个大的汽车品牌下几乎都能找到，进风口在前脸中占有较大的面积，如何通过其树立起有辨识度的、能吸引目标人群的、有审美价值的品牌形象是设计师需要思考的。

下面这个例子是一个非常好的品牌和产品形象个性化设计案例。不同厂家共用了同一底盘平台，以降低成本。同时各企业又分别对车身造型进行设计，添加自己的品牌血统特征，形成风格迥异的外观造型。

该项目的具体操作方式为：三款车共用同一平台，同时车身前风窗、侧门框、门板也采用完全相同的通用部件。图 7-3 所示为标致、丰田、雪铁龙三个品牌针对此项目分别做出的不同车身设计。

7.3.2 进风口造型细节设计必须考虑不同的车型定位

奥迪作为大众集团旗下的高端产品，车型分类比较清楚。21 世纪最初几年，奥迪汽车的前脸发生了比较大的变化，其进风口

图 7-3 标致、丰田、雪铁龙合作的紧凑级轿车

第 7 章 汽车造型设计中的细节设计

的造型设计演变颇具革命性,带动了整个汽车行业的"大嘴风潮"。

图 7-4 中列出的是奥迪品牌进入 21 世纪以来的几款主流车型的正视图,从中可以比对出各车型的特点和奥迪的造型演变趋势。在 20 世纪 90 年代中期,奥迪车的主要造型特征是:前部线条较为平行,多为理性的横线;上下进风口被保险杠分割为两部分,上下造型相互联系不大;曲面比较平顺、稳定;格栅基本为横条状,没有什么独特的造型语言。整个头部曲面整体感强,无明显凹凸变化。这些造型元素给人以温和、稳重的感觉。而且在这一阶段不同车型之间的造型区别也并不大。

到了 21 世纪,已能看出整体式进风口的趋势。虽然上下进风口仍旧被保险杠分割开,但上下的造型间有一些关联的趋势;整车线面整体感强,曲面更加饱满圆润;保险杠突出的感觉被部分削弱;开始出现了斜线和弧线语言。不同车型的造型也开始出现较为明显的分化。

从 2003 年开始,新奥迪的最为明显的特征是将保险杠形态割断,上下进风口在视觉上融为一体,保险杠中部采用不同于两侧的材质。前照灯外缘的高度提升,显得炯炯有神,锐气十足。下部两侧进风口造型语言的变化也更加丰富,与前照大灯轮廓相呼应、协调。细节变化丰富,格栅的款式也互不相同。不同车型间的造型区别拉大,但却都保有奥迪品牌的家族特征。

7.3.3 针对不同车型的进风口造型的差异化设计

首先来看看奥迪品牌下不同车型的定位。

A3 是一款 Sporty Hatchback,即具有一些运动元素的紧凑型两厢车。其主要用户是具备中等经济实力的年轻人。

A4 为中等尺寸的三厢车,时尚却不失稳重。其目标用户为"追求个性且富有责任感,充满活力且富有品味的社会主流精英"。注重品牌形象和产品品质,强调车辆卓尔不群的性能和外观。

A5 为奥迪新开发的双门四座轿跑车,运动感强,动力十足,且十分雅致。主要用户为 30 岁左右,年轻有为,喜欢生活有变化,

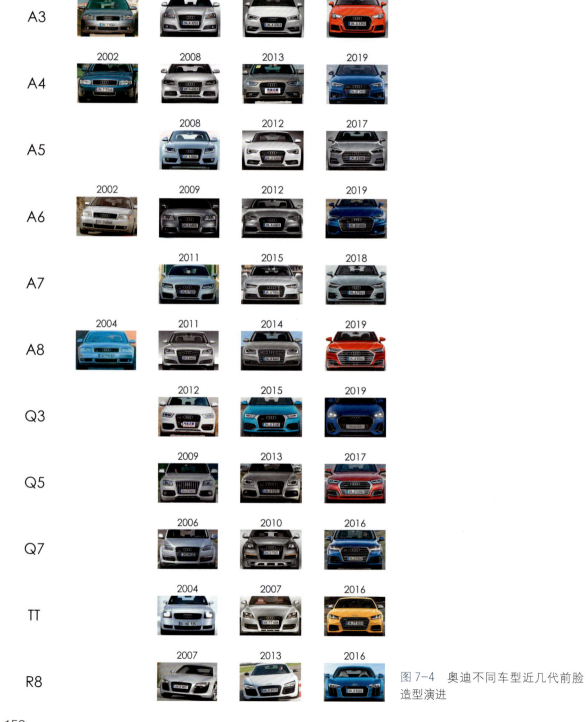

图 7-4 奥迪不同车型近几代前脸造型演进

追求新鲜感的男性。

A6 较为严肃，给人严谨稳重之感，既生活又商务。它的主要用户为事业有成的中年人——成熟、自信、有品位。A6 Allroad Quattro 是由 A6 衍生出来的 Crossover，兼顾轿车与 SUV 的感觉。

A7 是一款双门四座轿跑车，定位比 A5 更豪华高级，设计比 A8 先锋前卫。主要面向事业有成追求个性化的青中年人群。

A8 较 A6 更为豪华，追求尊贵、大气、雅致。主要用户为事业取得较大成功的自信中年人。

Q7 是豪华型的 SUV，霸气十足，具运动感，在同类 SUV 中也属造型比较前卫、张扬的。它的购买者通常为个性张扬的成功中年人。

TT 是独具一番魅力的跑车，更加年轻，更具活力。其购买者中女性的比例要高于其他同类跑车。

R8 是一款真正意义上的跑车，前卫且科技感强。购买它的人是真正爱车、懂车的人。

在图 7-4 中，对比最新一代奥迪车型的前脸造型，可以看出运动感越强的车型，其进风口上下宽度差越大。也就是说，越稳重的车型其进风口造型越方正。横向格栅在一定程度上会减弱运动感，显得较为理性稳重；竖向格栅张扬、凸显霸气；横竖交叉的格栅运动感强，又不失稳重。正是这些细微的细节差异造就了不同车型间微妙的性格差异，也巧妙地将不同的定位、档次区别开来。下部两侧进风口的造型也直接影响整体造型给人的感觉——其在前脸正前方向上的投影面积越大，运动感就越强。

7.3.4　相同车型不同款型的进风口造型的差异化设计

一个车型通常会有多个不同款型，如两厢版、三厢版、敞篷版等。局部和细节的差异化设计同样发挥了非常重要的作用。图 7-5 所示是大众 Polo 的不同款型的差异化细节设计。

2006 年的标准款 Polo 较旧款有多处改进，设计趋于中性化。

图7-5 Polo的不同款型前脸造型设计对比

其前脸采用了传统进气格栅粗横条纹的设计。Blue Motion是节能环保的代表车型。2006年的Blue Motion款Polo上进风口较小，会让人联想到采用具有突破意义的全新技术的新型动力，体现其新技术节能主题，另外它的车身面板均采用电镀装饰，科技感增强。2010年的Blue Motion款则是在上进风口处用了一块黑色封闭的饰板，起到的作用是类似的，将原有进风口"堵死"也是近几年新能源汽车前脸设计的惯用手法之一。Polo GTI则全面突出运动感，2006款Polo GTI的格栅细部造型处理手法与大众Golf GTI如出一辙——将中段保险杠削弱，上进风口下镶红边。GTI版本还采用黑色蜂窝状进气格栅，局部凸显出运动元素和个性。而2010款Polo GTI除了镶红边和黑色蜂窝状等细节处理外，其下进风口的形态也由"微笑型"变成了更具攻击性的"咧嘴型"。

Cross Polo是倾向于小型SUV的款型，突破了原来Polo的乖巧可爱，增加了一些SUV的造型语言——保险杠以上部分以及下进风口形状与基本款型完全一致，车体侧围下部的分色处理从侧面延伸过来，并且其底盘换板带有金属质感，这一点缀大幅度地提升了粗犷感，同时也提高了防护功能，增强了其越野能力。

Cross Polo 带有较浓重的 SUV 气息,加入了大量运动元素。

　　从 Polo 的这几款车中同样能看出细节的魅力,Standard、Blue Motion 和 GTI 这三款车的主要差别就在于进风口。大众对外轮廓形态相同的细节采用不同的内部处理手法,使不同款型体现出不一样的感觉,力求使 Polo 能够最大化地覆盖各个细分市场,使之能够延伸到生活的每个角落,从浓郁的小资情调到锐意进取,再到小型 SUV。

　　下面对进风口和进气格栅的造型规律进行总结:

　　(1)格栅采用横向条纹,整体感觉较严肃、平稳;采用竖向条纹,则张扬、富有进攻性。运动车型通常采用网格状格栅,格栅镂空形状因具体车型不同而不同,其变化也越来越丰富。

　　(2)进风口越方正,车型感觉越沉稳严肃;进风口梯形感越强,运动感越强。上进风口通常为长方形或者倒梯形。下进风口呈倒梯形,给人感觉霸道、厚重、抓地稳;而呈正梯形平衡感较强,给人感觉平和、和谐。

　　(3)大的下进风口会让车型看上去更威猛,而且会传达出动力十足的信息。

　　(4)新车型的进风口材质通常与车身不同,只有较为中庸、严肃的车型还继续保留相同材质的进风口。

　　(5)进风口周围或其内部的高亮线会增强动感。

　　(6)在开始进行进风口的设计时必须考虑车标的形状、位置和大小,必须将突出汽车的品牌形象作为设计的核心工作。

　　最后,需要强调的是:作为一名优秀的创意设计人员,既要了解现有的造型趋势,又要思维自由,敢于打破现有的规律和规则,不被现有的做法所束缚。

第 8 章　汽车造型创意设计作品赏析

第 8 章 汽车造型创意设计作品赏析

设计师：石清吟

　　该作品为一个设计方案的完整呈现。设计师选取了低多边形水晶结构作为整个概念车的造型设计主题，并辅以舞狮、竹编等元素作为意象来源，结合"记忆金属骨架＋弹性外蒙皮"的创新结构，强调二分式的造型布局展开设计工作。设计师在多处运用了源自抽象形态研究探讨的冲突扭转关系，在单厢楔形的车身形式上，重点对攻击感较强的前脸造型展开探讨，以体现狮子的面部神韵，同时补充前脸水平檐元素，并适度引入无腰线特征，

汽车造型创意设计

确定最终方案，完成外观造型设计。内饰融合了"立体雕塑感"造型元素，引入可折叠转向盘与室内设计感，创新性地提出"金属骨架灵活扭转，与弹性外蒙皮结合，提供多种内饰模式解决方案与用户定义内饰灵活度"的概念。

该造型设计方案因其明确的设计逻辑、出众的造型关联性，在中国汽车设计大赛（Car Design Awards 2017）中获得"最具创新材料使用奖"，并获得评委的一致好评。赛事评委、标致（中国）设计总监龚冯友称此造型为"智能型材料提供舒适性和人机交互功能"，而来自 KWA 公司的评委 Daeshik Kim 则认为此造型体现了"精粹纯正的外形和材料兼备"的特征。

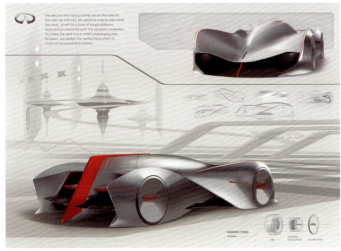

第 8 章　汽车造型创意设计作品赏析

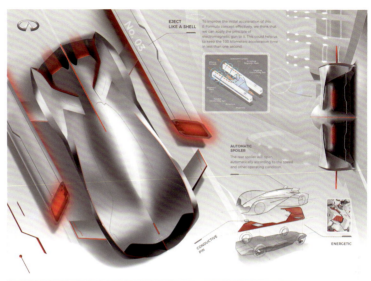

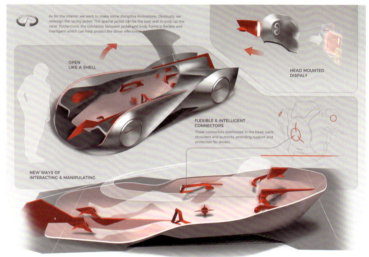

设计师：杨景全，蔡振原

此作品为一个电动方程式概念赛车的设计。在设计方案的初始创意阶段，设计师从莫比乌斯环获得灵感，结合"无限"的概念，运用抽象形态设计方法，将意象融入车身造型之中。在方案中，设计师也对未来城市、未来赛道、驾驶技术等要素进行了创意设定，整个方案想法大胆，充满了未来感和科幻感。该造型设计方案因其创意的设计方法、独到的造型，在中国汽车设计大赛（Car Design Awards 2018）中赢得最佳外饰造型前三名。

159

汽车造型创意设计

　　此作品为汽车轮毂的创意设计方案。汽车轮毂是汽车造型设计中比较独特的一个细节，它具有中心对称的特点，而且在汽车运动过程中会同时进行旋转运动和位移运动。

　　汽车轮毂在设计过程中还需要考虑其运动状态的视觉效果，以及不同材料和制造加工工艺的特点，优秀的轮毂设计能让整车看起来"精神抖擞"。

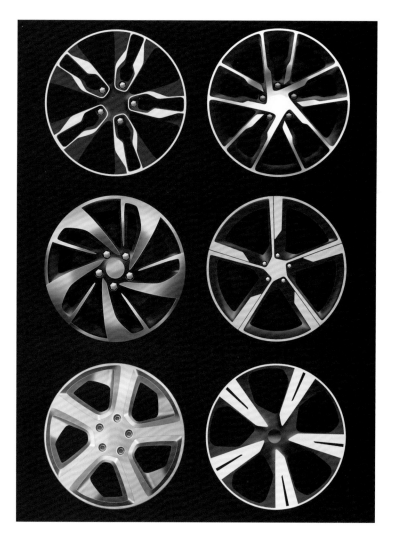

设计师：石清吟，涂彪等

参 考 文 献

[1] 雷雨成. 汽车车身设计与制造 [M]. 哈尔滨: 哈尔滨工业大学出版社, 1996.
[2] 何政广. 康丁斯基: 抽象派绘画先驱 [M]. 石家庄: 河北教育出版社, 1998.
[3] 张雷冲, 佘勃. 基于 VR 技术的轿车展示平台的设计 [J]. 工业控制计算机, 2011, 24(7):62-63.
[4] 胡畔, 姜睞, 李依桐. 基于 VR 技术的设备拆装系统设计 [J]. 吉林大学学报（信息科学版）, 2012, 30(1): 66-71.
[5] 葛恒洲, 沙强. 基于 VR 技术的个性化家具设计 [J]. 艺术与设计（理论）, 2011(12):127-128.
[6] 尼尔·林奇, 徐卫国. 数字建构, 青年建筑师作品 [M]. 北京: 中国建筑工业出版社, 2008.
[7] 严扬, 刘志国, 高华云. 汽车造型设计概论 [M]. 北京: 清华大学出版社, 2005.